성모행실

성모행실

펴낸 날	2022년 4월 30일 초판 1쇄 발행
펴낸 이	손희송
편집인	조한건
지은이	바뇨니
옮긴 이	신로사
다듬은 이	박지연
펴낸 곳	한국교회사연구소
	서울시 중구 삼일대로 330 평화빌딩
	대표전화 02-756-1691
	팩시밀리 02-2269-2692
	홈페이지 www.history.re.kr
인쇄·제본	분도인쇄소
등록번호	1981년 11월 16일 제10-132호
교회인가	2022년 4월 15일
ISBN	979-11-85700-37-3 (03230)
정가	15,000원

ⓒ한국교회사연구소, 2022

聖母行實

성모행실

바뇨니(A. Vagnoni) 신부 지음

한국교회사연구소

간행사

　성경이 전 세계에서 꾸준한 스테디셀러(steady seller)라고 한다면, 한국 교회에서는 성경과 함께 성모 마리아에 관한 책이 많은 신자들에게 지속적으로 사랑을 받고 있습니다. 본 연구소에서 간행한 『성모성월』은 수십 년 동안 꾸준하게 독자들에게 애독되었고, 성모 신심에 좋은 영향을 미치고 있습니다. 이번에 보급판으로 간행하게 되는 『성모행실』은 예수회 선교사 바뇨니가 한문으로 쓴 한문 서학서 가운데 하나입니다. 1631년에 초판이 간행되었는데, 성모의 생애를 가장 앞에 두고, 성모와 관련된 여러 가지 덕행과 기적 이야기를 선별해 놓은 것입니다. 독자들이 쉽게 읽을 수 있도록 한문 번역을 윤문하면서 편집을 새롭게 하였습니다.
　박해 시기의 선배 신앙인들이 가장 많이 바친 기도는 주님의 기도와 성모송으로 추정됩니다. 그래서 많은 순교자들이 "예수, 마리아" 하고 부르짖었습니다. 바로 이 외침은 예수님의 기도인 '주님의 기도'와 마리아께 중재를 청하는 '성모송'을 가리킵니다. 무엇보다 중국에서 선교하던 바뇨니 신부는 성모 마리아에 대한 예화를 통해서 마리아의 중재적 구원의 역할을 잘 알리고 싶었던 듯합니다. 이 책은 처음부터 학술적인 목적이 아니라 예화와 기적을 통해서 성모의 신앙과 덕행과 중재적 능력을 알리고자 했던 의도가 있습니다. 그러한 점을 고려하면서 참 신앙인이었던 성모님의 행실을 배우는 기회가 되기를 바랍니다.

우리 교회의 기록 가운데도 신비롭고 재미있는 일화가 많이 있습니다. 다블뤼 주교가 남긴 주문모 신부와 관련된 기록에는 주 신부의 꿈 해몽 이야기가 나옵니다. 복사 중 한 사람이 꿈에서 피바다를 보고, 폭풍 속에서 흰옷을 입은 한 귀부인이 자신을 구해 준 이야기를 전합니다. 주문모 신부의 해몽은 다음과 같았습니다.

"머지않아 큰 박해가 이 나라 안에 일어날 터이지만 그 박해로 천주교가 사라지지는 않을 것이고, 성모님이 붙들고 있는 이상 천주교는 완전히 쓰러지지 않을 것이다."

이 말대로 복사는 박해를 피하라는 주문모 신부의 말을 듣고 화를 당하지 않고, 4~5년 후에 평화롭게 죽었다는 기록이 『조선 순교자 역사 비망기』에 나옵니다.

정말 한국 교회는 성모님의 붙들어주심에 큰 힘을 얻고 있습니다. 이 『성모행실』이 나오기까지 초벌 번역을 해주신 신로사 선생님과 보급판으로 간행될 수 있도록 정성을 다해 다듬어주신 박지연 자매님께 감사드립니다. 글이 잘 읽힐 수 있도록 성화를 선정하고 편집해 주신 출판부 직원들과 책이 간행될 수 있도록 도와주신 은인들에게 감사 인사를 드립니다. 이번 『성모행실』을 통해서 옛 신자들의 성모 신심을 헤아려보고, 우리 자신의 신심도 돌아보는 계기가 되었으면 합니다.

2022년 4월
한국교회사연구소 소장
조한건 프란치스코 신부

차례

간행사 ••• 4
해제 ••• 8

제1부 성모님의 생애
성모님의 생애 ••• 14

제2부 성모님의 찬미 받을 공덕
01. 성모님은 태초부터 하느님의 어머니로 선택되셨다.   ••• 50
02. 성모께서 받으신 하느님의 은총과 축복은 예증되었다.   ••• 52
03. 성모님은 하느님의 특은으로 잉태되셨다.   ••• 55
04. 성모님의 탄생은 온 세상의 기쁨이다.   ••• 60
05. 성모님은 평생 동정이시다.   ••• 64
06. 성모님은 모든 덕행의 모범이시다.   ••• 68
07. 성모님의 공로는 지극히 거룩하며 온전하시다.   ••• 78
08. 성모님은 주님의 영광을 받으시며 승천하셨다.   ••• 81
09. 성모님은 승천하시어 천상의 복을 받으셨다.   ••• 87
10. 성모님은 승천하시어 천상 모후의 관을 쓰셨다.   ••• 91
11. 성모님을 공경하는 것이 왜 옳은가.   ••• 96
12. 성모님은 당신을 공경하는 이들에게 보상하신다.   ••• 103

제3부 성모님의 신비한 자취

01. 성모님은 기도를 하는 이들을 도우신다. · · · 108
02. 성모님은 재(齋)를 지키는 사람을 도우신다. · · · 113
03. 성모님은 온전히 봉헌된 삶을 사는 이들을 감싸 주신다. · · · 117
04. 성모님은 당신을 공경하는 국가를 보호해 주신다. · · · 123
05. 성모님은 사리(事理)에 어두운 이를 밝게 이끌어 주신다. · · · 127
06. 성모님은 임종의 고난에서 도와주신다. · · · 131
07. 성모님은 정결을 지킬 수 있도록 도와주신다. · · · 135
08. 성모님은 어려움에 처한 이를 구해 주신다. · · · 139
09. 성모님을 모독한 자는 주님께서 벌하신다. · · · 142

부록 성모의 집과 칠고 칠락(七苦七樂)

성모의 집 · · · 148
성모 칠고(聖母七苦) · · · 154
성모 칠락(聖母七樂) · · · 157

해제

조한건 프란치스코 신부 | 한국교회사연구소 소장

성모 마리아는 가톨릭교회의 구원 역사 안에서 특별하고 중요한 위치에 서 있다. 그것은 마리아가 단순히 예수님을 낳으신 어머니라는 사실만이 아니라, 예수님의 구원 역사 안에서 파스카 사건까지 일생을 함께하고, 구세주 예수 그리스도의 중재자 역할을 하시기 때문이다. 마리아는 한국 천주교회사에서도 독특한 위치를 차지한다. 앵베르(L. Imbert, 范世亨) 주교의 청원으로 "원죄 없이 잉태되신 성모"가 조선 대목구의 주보(主保)가 되었고, 베르뇌(S. Berneux, 張敬一) 주교 시대에 조선 대목구의 선교 관할 구역을 성모님의 주요 축일로 명명하기도 하였다.[1]

제2차 바티칸 공의회에서도 성경과 성전을 근거로 하여 구원사 안에서의 마리아의 중재적 협력을 분명하게 제시하고 있다.[2]

『성모행실』은 중국 남부 지방에서 활동하던 예수회 선교사 바뇨니(A. Vagnoni, 高一志, 1566~1640)가 한문으로 저술한 성모 마리아의 전기이다. 저술 시기는 바뇨니 신부가 남경박해로 마카오로 추방된 1616년에서 산서 지방으로 재진출한 1624년 사이로 추정된다. 1631년 중국 광주에서 3권 초판이 간행된 이래 여러 차례 중간(重

---

1 윤선자, 한국 교회사 연구 입문(156)-「성모행실」, 『교회와 역사』 180호(1990년 5월호), 한국교회사연구소, 2~3쪽.
2 조규만, 「마리아론」, 『한국가톨릭대사전』 4, 한국교회사연구소, 1997, 2390~2392쪽.

제)되었으며, 1893년에 홍콩의 나자렛 인쇄소에서 활판본으로 간행된 바 있다. 간행 직후 이 책은 중국의 남부 지방 신자들에게 널리 읽히면서 중간된 것으로 생각되는데, 우리나라에도 19세기 말에 간행된 중간본이 전해져 한글로 번역되었고, 신자들의 성모 신심서로 활용되었을 것으로 추정된다.[3]

이 보급판『성모행실』은 1798년 구베아(A. Gouvea, 湯士選) 주교에 의해 중간(일본 와세다대학교 소장본)된 것을 대본으로 초역하고, 읽기 쉽게 윤문하고 편집하였다. 따라서 본래의 한문본과는 체제와 분량 면에서 분명한 차이가 난다. 향후 전체 번역본을 연구 자료집으로 간행할 예정이다.

한문본을 기준으로 하여 책의 구성을 소개하면 다음과 같다.

제1권 '총술'에서는 성모 마리아의 탄생에서부터 돌아가실 때까지의 생애와 그 생전에 일어났던 기적에 관해 서술하고 있으며, 제2권 '은덕'에는 마리아의 덕행과 마리아에 대한 공경의 예가 12단으로 나누어 수록되어 있다. 그리고 마지막 제3권 '성적'에서는 마리아의 기적 가운데 특히 '원죄 없으신 잉태'에 대해 설명하고 있다.

『성모행실』에 대한 최근의 연구를 보면, 중국어로 저술된 이 최초의 성모 전기는 중세 유럽에서 유행하던 마리아 관련 기적 모음집을 참조하여 역술(譯述)된 것이다. 바뇨니는 예수의 어머니로서의 마리아 외에도 세 가지 측면에서 성모를 바라보았다. 첫째, 마리아는 예수 곧 하느님과 사람의 중재자로서의 역할을 지니고 있었다. 둘째, 성모는 여성의 아름다움이라는 면에서 다른 어느 여성과도

---

3 「성모행실」,『한국가톨릭대사전』 7, 한국교회사연구소, 1999, 4626쪽.

비교될 수 없는 '질투하는 신부(新婦)'로서 묘사되고 있다. 셋째, 마리아는 종종 유럽의 마리아 기적 전통에서는 간과되었던 역할, 즉 아들을 낳아주는 여인, "유럽의 '송자관음(送子觀音)'"에 비견되었다.[4] '송자관음'이란 성모자상에 비유되는 불교의 관음상을 가리킨다.

로(G. Rho, 羅雅谷) 신부는 바뇨니의 『성모행실』 서문을 다음과 같이 쓰고 있다.

"이 『성모행실』은 곧 나의 벗인 고 선생(즉 바뇨니)이 번역한 것으로, 책은 3권으로 나뉜다. 그 첫째 권은 성모의 출생에서 그 유년과 노년기까지 추적하여 정리한 것으로 마리아의 전기[行狀]이다. 첫째 권 말미에 성모의 집과 관련된 신령한 이적이 부록으로 실렸다. 둘째 권은 고금의 성인의 말을 빌려서 성모의 큰 덕을 12단에 걸쳐서 저술하였다. 천주께서 성모의 은덕을 주시고 만민의 가장 위에 있게 하심이 이와 같다. 셋째 권은 그 성적(聖蹟)을 서술하였는데, 10단으로 나뉜다. 곧 성모께서 사람에게 주는 은덕과 관련되니, (실제 성적에 비하면) 만분의 일에 불과하다.

독자는 1권에서 성모의 마음에 열정적인 사랑을 발하고, 2권에서 곧 성모를 진실로 신뢰하고 흠숭하고 두려워하는 마음을 발한다. 3권에서 곧 성모의 보호하심에 대한 소망을 발한다. 이는 믿음·소망·사랑의 삼덕(三德)으로, 곧 주를 섬기고 성모를 섬기는 근본 덕이니, 이 책을 읽는 자는 모두 이를 얻고, 얻으면 곧 이 책

---

[4] http://lawdata.com.tw/tw/detail.aspx?no=240096(2022.04.19.검색) ; 李奭學, 「三面瑪利亞―論高一志「聖母行實」裏的聖母奇蹟故事的跨國流變及其意義―」, 『中國文哲研究集刊』, 中央研究院中國文哲研究所, 2009.

이 실로 우리가 하루도 떠날 수 없는 것이다. 옛 성인은 성모 행실을 가리켜 신자들의 거울이라 하였다. 이 책을 보고서 그 잘못을 고치고 그 덕을 높일 줄 모르는 사람은 없을 것이다. 사람이 그렇게 생각을 못 하겠는가?

책이 완성되고 나서 나에게 서문에 성모를 찬미하는 뜻을 덧붙이도록 권하였는데, 나는 성인에게 나의 칭찬이 아무 소용없다고 말했다. 태양에 비유하자면 본체가 스스로 비추는데 사람의 말을 더하여 밝힐 수 없다. 또한 침묵으로 어둠을 더할 수 없다. 곧 그 큰 덕을 밝혀서 세상 사람들에게 보이고자 하나 곧 모든 성인은 이미 이를 말하고, 이 책은 이미 이를 서술하고 있다. 내가 어찌 감히 덧붙일 말이 있겠는가?"

위의 서문을 통해서 『성모행실』은 성모의 생애와 함께 성모와 관련된 여러 기적적인 예화들을 묶어 놓은 모음집이라고 볼 수 있다. 이러한 예화들은 역사적인 관점에서 묵상할 것이 아니라 교훈적이고 우화적인 관점에서 바라보아야 할 것이다.

한마디로 『성모행실』은 중국에서 최초로 간행된 마리아에 관한 전기이며, 신학적 그리고 문학적 견지에서 매우 중요한 작품이라고 할 수 있다. 이에 관한 연구가 국내에서는 전무한 상황이므로, 이번 보급판과 향후 간행될 연구 자료집을 통해서 더 많은 관심과 연구 성과가 나오기를 기대한다.

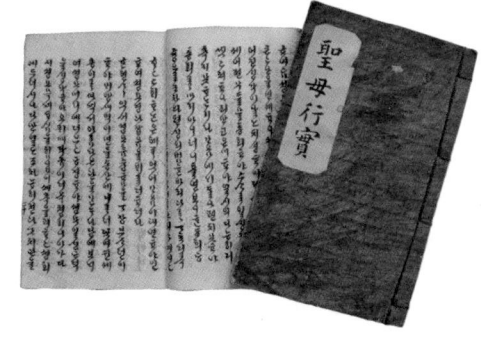

성모님은 천지 만물을 창조하신 참하느님께서
사람의 아들로 강생하셨을 때, 그분을 잉태하신 어머니이다.
성모님의 행실에 대해서는 말로 다 표현할 수 없지만,
여기서는 하느님의 자녀로서 행한 거룩한 일들 가운데
특별히 공경할 만한 것을 간략히 소개하도록 하겠다.

내용은 총 3부로 구성되어 있다.
제1부에서는 **성모님의 생애**를 다루고,
제2부에서는 **성모님의 찬미 받을 공덕**에 대해서 다루며,
제3부에서는 **성모님의 신비한 자취**를 다루어
우리가 성모님을 공경해야 하는 이유를 살펴보고자 한다.

聖母行實

1

성모님의 생애

성모님의 생애

옛 유다 나라에 '나자렛'이라는 작은 마을이 있었다. 나자렛에는 다윗 가문의 후손인 요아킴과 안나가 살고 있었다. 부부는 어려서부터 하느님의 말씀에 따라 살아온 이들로, 율법을 엄격히 지키고 덕행(德行)을 부지런히 실천하였다. 또 돈이 생기면 늘 궁핍한 사람들에게 먼저 베풀고 성전에 봉헌하였으며, 남는 것을 생활비로 사용하였다. 이들의 곧은 행실은 널리 퍼져 많은 이들이 요아킴과 안나에게 감복하고 우러러보았다.

부부는 여러 해 동안 결혼 생활을 이어 왔지만 아이가 없어 근심이 많았다. 그들은 부지런히 몸과 마음을 깨끗이 하면서, 하느님께서 은혜로이 아이를 내려주시기를 간구하였다. 그리고 '만약 저희가 자식을 얻게 된다면 반드시 성전으로 보내어 주님을 섬기게 하겠습니다.' 하고 기도하였다.

오래지 않아 한 천사가 요아킴에게 나타나서 말하였다.

"자비로우신 하느님께서 너를 불쌍히 여기시어, 소원을 들어주기로 하셨다. 일 년 안에 네 아내가 임신하여 아리따운 딸 하나를 낳게 될 터이니, 이름을 '마리아'라고 하여라. 그 아이는 어머니 배 속에 있을 때부터 거룩한 덕을 갖출 것이고, 훗날 하느님께서 그 동정의 몸에 내려오시어 만백성을 구원하게 될 것이다. 너는 이를 꼭 잊지 마라."

천사는 안나에게도 나타나 정성스럽고 간곡하게 말하였다.

"걱정도 하지 말고, 의심도 하지 마라. 오직 그 간절한 바람을 굳게 믿는다면, 반드시 이루어질 것이다."

천사는 작별 인사를 하고 사라졌다. 부부는 천사가 말해 준 것을 서로 이야기하며 감격해했고, 천사의 말을 더욱 신뢰하게 되었다. 그리고 마침내 동지(冬至)를 십여 일 앞두었을 즈음에 안나가 잉태를 하게 되었다.

마리아, 탄생하시다

　잉태되고 아홉 달이 지난 후 마리아가 나자렛에서 탄생하였다. 마리아의 탄생은 부모의 기쁨일 뿐만 아니라 온 세상의 경사였다. 태어난 지 8일이 되자 율법에 따라 이름을 지었는데, 천사가 일러준 대로 '마리아'라고 하였다.
　80일째 되었을 때, 요아킴과 안나 부부는 예법에 따라 마리아를 하느님 대전에 바치고, 함께 가져온 예물을 올린 뒤 집으로 돌아왔다.

성전에 봉헌되시다

　마리아가 만 세 살이 되었을 때, 요아킴과 안나는 아이를 주신 것에 감사드리기 위해 예루살렘 성전으로 나아갔다. 먼저 깨끗한 제물을 하느님께 바치고 말씀드렸다.
　"이 작은 소녀는 옛날에 저희 부부가 간절하게 아이를 바랄 때 다행스럽게 얻게 된 딸로, 지금 만 세 살이 되었습니다. 그동안 저희 집에서 키우면서 이전에 드린 약속을 지키지 못하였으나 이제 아이를 대전에 바치오니, 인자하신 주님께서 은혜로이 받으시어 이 아이가 종신토록 주님을 섬기게 하소서."
　부부는 다시 사제를 향해 말하였다.
　"하느님께서 저희 부부의 간절한 바람을 허락하시어 딸 아이를 내려주셨으니, 이제 다시 되돌려드리는 것이 도리입니다. 선생님께서 이 아이를 바르게 이끌어 길러주신다면, 저희의 소원은 모두 이루어진 것이나 다름없습니다."

이때 마리아는 마음이 온통 주님을 향해 있어서 부모에게 작별 인사를 고하면서도 울거나 슬퍼하지 않았다. 마리아는 나이가 어렸지만 용모가 단정하고 신중하여 여느 여자아이들과는 매우 달랐다. 사제는 그 모습을 보고, 마리아가 마음속에 성덕(聖德)을 품고 있음을 느꼈다. 이에 기뻐하며 마리아를 성전에 있는 여자아이들의 숙소에서 살게 하였다. 성전 옆의 숙소에는 온 나라에서 맡겨진 여자아이들이 있었다. 그 아이들은 성전에서 가르침을 받다가 대개 열다섯 살이 되면 집으로 돌아가 시집을 갔다.

마리아는 처음 성전에 들어올 때 크고 높은 뜻을 세웠기 때문에, 친구들과 웃고 떠들며 놀기보다는 아침이면 홀로 성전에 올라가 한결같이 하느님께 경배하곤 하였다. 때로는 혼자 방에 들어가 내면을 깊이 성찰하며 자기 생각과 말과 행동을 엄격하게 되돌아보았다. 그러면서 점차 천상(天上)의 일에 대해서도 묵묵히 사색하기에 이르렀다.

마리아는 다른 사람의 말을 잘 경청하고 자신은 말을 적게 했으며, 스스로를 낮추고 주변 사람들을 존중하였다. 친구들 가운데 행실이 아름다운 아이를 보면 스승처럼 받들고 본받았으며, 자신보다 연장자가 지시하면 비록 그것이 고된 일이라 하더라도 마다하지 않았다.

옷은 수수하고 무늬가 없는 것을 입었고, 음식은 변변치 않은 것을 배부르지 않게 먹었으며, 말할 때에는 겸손하여 오만함이 없었다. 행동은 치우치지 않았고, 단정하고 신중하여 재촉하거나 서두르지 않았으며, 용모와 얼굴빛은 부드러우면서도 온화하여 근심하거나 슬퍼하는 기색이 없었다.

또래들과 사귈 때에는 헐뜯는 말을 하지 않을 뿐만 아니라, 입에서 나오는 대로 함부로 말을 늘어놓지도 않았다. 그래서 친한 사이라도 웃고 떠들면서 조급하게 감정을 드러내지 않았으므로, 아주 잠시라도 예의에 어긋나는 일이 없었다. 또 주어진 일을 부지런하게 해냈으며, 제사에 이바지했고, 경전의 의미를 깊이 묵상하며 정신적인 자양을 키워 나갔다. 친구들과 함께 있다가도 뜻밖에 지혜가 필요한 상황이면, 바로 자신이 터득한 것을 가르쳐 주었다.

외적으로든 내적으로든, 또 언제 어디서든 자신의 직분을 다하였으므로 어느 것 하나 부족함이 없었다. 하느님께서 항상 더 특별히 사랑하셔서 천사를 보내시어 슬기와 지혜로 이끌어 주시니, 마리아의 착하고 어진 심성은 거듭 자라나 날이 갈수록 밝고 순결해졌다. 함께 수양하는 여자아이들은 마리아를 모범으로 삼았는데, 자신들이 뒤처질까 봐 두려워하기도 하였다.

요셉과 혼인하시다

　　열한 살이 되었을 때, 마리아의 부모인 요아킴과 안나가 세상을 떠났다. 마리아는 부모님의 유산으로 장례를 치른 뒤, 하느님께서 주신 하루하루의 소중함을 깨닫고 스스로를 더욱더 다그쳐가며 최고의 선(善)으로 나아갔다.

　　마리아는 정결을 굳게 결심하였다. 그리고 재물욕, 정욕(情慾), 명예욕 세 가지 욕심을 끊어 버려 조금이라도 이에 물들지 않겠다고 맹세하였다.

　　열세 살이 되자, 당시 세속에서는 결혼할 나이였으므로, 사제는 마리아의 부모를 대신하여 친척들과 마리아의 결혼을 상의

하게 되었다. 마리아가 이를 듣고 사양하며 말하였다.

"옛날에 부모님께서 저를 여기에 바치셨고, 저는 평생 죽을 때까지 하느님을 섬기기로 했습니다. 저는 부모님의 뜻을 따라 영원토록 정결을 지키고 주님의 은혜에 감사할 것을 맹세했는데, 어찌 결혼을 할 수 있겠습니까?"

사제는 그 말에 탄복하여 마음에 결정을 내리지 못하고 하느님께 의탁하며 간청했다. 하느님께서는 이에 '같은 다윗 후손의 가문에서 마리아의 배필이 될 만한 사람을 정하는 것이 좋다.'라는 뜻을 내려주셨다. 또 마리아에게 천사를 보내시어 말씀하셨다.

"두려워하지 마라. 주님께서 반드시 너를 지켜주시고, 해가 끼치지 않도록 하실 것이다. 여러 사람에 의해 선택된 너의 배필은 일생을 마칠 때까지 정결을 지켜 줄, 신심이 깊은 사람이다. 하느님께서는 너에게 혼인의 예를 갖추게 하시어, 세상 사람들의 의심을 방지하고 마귀가 하느님의 강생을 알지 못하도록 하실 것이다."

마리아는 하느님의 뜻을 받아들이고 요셉과 약혼하였다. 요셉은 다윗의 후손이었고, 어렸을 때부터 신실하여 세속에 물들지 않은 사람이었다. 그 역시 하느님의 뜻을 받아들이고, 공손하게 마리아를 맞이하기로 하였다.

성령으로 잉태하시다

　마리아가 열다섯 살이 되었을 무렵, 하느님께서 인간 세상으로 강생하실 때가 되었으므로 천사를 하나 보내어 이를 알리셨다.
　"은총이 가득한 마리아야, 주님께서 너와 함께 계시다. 너는 여인들 중에서 복을 받았다."
　마리아는 그 말을 듣고 놀라면서도 신기하게 생각했다. 천사가 다시 말하였다.
　"두려워하지 마라, 마리아야. 너는 하느님의 총애를 받았다. 이제 네가 잉태하여 아들을 낳을 것이니 그 이름을 예수라 하여라. 그분께서는 큰 인물이 되시고 지극히 높으신 분의 아드님이라 불리실 것이다. 주 하느님께서 그분의 조상 다윗의 왕좌를 그분께 주시어, 그분께서 야곱 집안을 영원히 다스리시리니 그분의 나라는 끝이 없을 것이다. 이제 성자께서 이 세상에 내려오시어 너의 몸에 잉태될 것이니, 이는 세상 사람들에 견줄 수 있는 것이 아니다."

마리아는 성스러운 계시를 받았지만 어떻게 해서 임신이 되는지 알지 못하였으므로 천사에게 물었다.

"저는 정결에 뜻을 세웠고 남자를 알지 못하는데, 어떻게 제가 아기를 임신하고 낳을 수 있겠습니까?"

천사가 대답하였다.

"이는 인간의 방법을 따르는 것이 아니라, 하느님의 전능하심으로 가능하다. 하느님께서는 이미 너를 선택하시어 어머니로 삼으셨으니 근심하지 마라. 네 친척 엘리사벳을 보아라. 평생 쇠약하여서 아기를 임신하지 못했는데, 그 늙은 나이에도 주님의 은혜를 입어 임신한 지 여섯 달이 되었다. 하느님께는 불가능한 일이 없다."

마리아는 천사의 말을 믿고 대답했다.

"보십시오, 저는 주님의 종입니다. 말씀하신 대로 저에게 이루어지기를 바랍니다."

말을 마치자 마음이 안정되며 성령으로 말미암아 성자가 배 속에 잉태되었다.

엘리사벳을 방문하시다

　성령으로 잉태하게 된 마리아는 엘리사벳을 방문하러 가서, 그 집에 들어가 인사하였다. 마리아의 인사말을 듣자 엘리사벳은 그의 태 안에서 아기가 뛰노는 것을 느끼고, 주님께서 마리아에게 육신으로 내려오셨음을 알았다. 엘리사벳은 기쁘고 즐거워하며 큰 소리로 외쳤다.
　"당신은 여인들 가운데서 가장 복되시며 당신 태중의 아기도 복되십니다. 내 주님의 어머니께서 저에게 오시다니 어찌 된 일입니까? 당신의 덕은 지극히 높고 크시며, 주님께서 하신 말씀이 이루어지리라고 믿으셨으니 참된 행복이 따를 것입니다. 당신은 영원히 우러러 높여지고 기억되실 것입니다."

마리아는 엘리사벳의 말을 듣고 하느님을 향해 찬미의 노래를 하였다.

"내 영혼이 주님을 찬송하고 내 마음이 나의 구원자 하느님 안에서 기뻐 뛰니 그분께서 당신 종의 비천함을 굽어보셨기 때문입니다. 이제부터 과연 모든 세대가 나를 행복하다 하리니, 전능하신 분께서 나에게 큰일을 하셨기 때문입니다. 그분께서는 당신 팔로 권능을 떨치시어 마음속 생각이 교만한 자들을 흩으셨습니다. 통치자들을 왕좌에서 끌어내리시고 비천한 이들을 들어 높이셨으며, 굶주린 이들을 좋은 것으로 배불리시고 부유한 자들을 빈손으로 내치셨습니다. 당신의 자비를 기억하시어 당신 종 이스라엘을 거두어 주셨으니, 우리 조상들에게 말씀하신 대로 그 자비가 아브라함과 그 후손에게 영원히 미칠 것입니다."

마리아는 엘리사벳과 3개월을 함께 지내다가 작별 인사를 하고 돌아갔다.

요셉은 마리아가 성령으로 임신한 것에 대해 알지 못하고 있었다. 마리아의 배가 날로 불러왔으나, 마리아의 정결을 굳게 믿고 있었기 때문에 의문을 품지 않았다. 하지만 마음이 불안하고 염려되어 하느님께 뜻을 보여 달라고 기도하였다. 마리아는 요셉이 마음속으로 근심과 걱정을 하고 있음을 알아챘지만, 아무 말도 하지 않았다. 다만 하느님께서 요셉의 마음을 풀어 주시고 안정시켜 주시기를 간구하였다. 하느님께서 그 정성을 보시고, 방에서 잠을 자고 있는 요셉의 꿈에 천사를 보내시어 마리아의 임신은 성령으로 인한 신비로운 일임을 알게 하셨다. 요셉은 홀연 모든 것을 깨닫고 순종했으며, 잠시라도 마리아에게 소홀하지 않았다.

성모 방문 성당(Church of the Visitation)

예수 그리스도를 낳으시다

　마리아가 임신한 지 아홉 달이 되어서 해산할 시기가 가까워졌을 때, 아우구스투스 황제가 칙령을 내려 모든 사람이 호적을 등록하게 되었다. 이에 모두 호적 등록을 하러 자기 고향으로 갔고, 요셉과 마리아도 베들레헴으로 떠났다. 그들은 동지가 지난 지 사흘째에 베들레헴에 이르렀는데, 여관은 꽉 차서 들어갈 자리가 없었다. 그래서 구석에 있는 버려진 오두막집으로 가서 머물렀다.
　한밤중이 되어 해산할 때가 되자, 마리아는 조용한 구석으로 가서 주님께 기도를 드리고 성자를 낳으셨다. 마리아는 아이를 낳고 추울까 걱정되어 즉시 포대기로 싸서 옆에 있는 구유에

뉘었다. 그리고 먼저 신하의 예로 경배를 드린 뒤 어머니의 정으로 성자를 품에 안으셨다. 요셉은 성자 탄생의 신비로움을 직접 목격하고, 조심스러운 마음으로 소중히 대했다. 아기가 태어난 지 여드레가 되자 율법에 따라 할례를 하고, 천사가 일러준 대로 그 이름을 예수라고 하였다. 예수라는 이름은 '하느님께서 구원하신다.'라는 뜻이다.

얼마 후, 동방에서 박사 세 사람이 왔다. 그들은 하늘에 떠 있는 매우 밝고 큰 별을 보고 이곳까지 왔는데, 그 별은 메시아가 인간으로 내려올 것이라는 옛 경전의 기록과 일치했다. 이에 세 사람은 자신의 나라를 떠나서 별을 따라 베들레헴으로 온 것이었다. 그들은 어머니 마리아와 함께 있는 아기를 보고 경배한 뒤, 각 지방의 토산품인 황금, 유향, 몰약을 예물로 드렸다. 모두가 기이한 조짐에 관해 이야기하고 칭송하였다. 동방 박사들은 그곳에 머물다가 자기 고장으로 돌아갔으며, 마리아는 이 일을 마음속에 깊이 간직하였다.

예수를 성전에 봉헌하시다

출산 후 40일이 지나, 모세의 율법에 따라 정결례를 거행할 날이 되었다. 마리아와 요셉은 아기 예수님을 봉헌하고자 성전으로 올라가다가 마침 그곳에 있던 예언자 시메온과 한나를 만났다. 시메온은 아기를 두 팔에 받아 안고 하느님을 찬미한 뒤, 마리아에게 말했다.

"이 아이는 세상을 구원할 분입니다. 그러나 당신의 영혼이 칼에 꿰찔리는 가운데, 많은 사람의 마음속 생각이 드러날 것입니다."

한나도 하느님께 감사드리며 그 아기에 관하여 이야기했다. 마리아는 그들의 말을 마음에 깊이 새기고 여러 번 감사의 인사를 한 뒤 아기를 품에 안고 요셉과 함께 집으로 돌아왔다.

이집트로 피신하시다

 얼마 후, 주님의 천사가 요셉의 꿈에 나타나 커다란 재앙이 닥칠 것을 예고했다. '유다인들의 왕'이 태어났다는 것을 전해 들은 헤로데 임금이 자신의 자리를 빼앗기게 될까 두려워 베들레헴과 그 온 일대에 사는 두 살 이하의 남자아이를 모조리 죽이라고 명령했다는 것이었다. 이에 피신하라는 천사의 말을 듣고 요셉은 즉시 일어나 밤에 아기 예수님과 마리아를 데리고 이집트로 떠났다. 마리아와 요셉은 이집트에 수년간 머물렀다. 헤로데가 죽자, 주님의 천사가 요셉의 꿈에 나타나서 다시 나라로 돌아가라고 일러 주었다. 요셉과 마리아는 아기 예수님과 함께 이스라엘 땅으로 돌아왔다.

잃어버린 예수를 성전에서 찾으시다

　　예수님이 열두 살 되던 해, 마리아와 요셉은 파스카 축제 관습에 따라 함께 예루살렘으로 올라가서 주님의 은혜에 감사드렸다. 축제가 끝나고 그들은 사람들과 돌아왔지만, 예수님은 예루살렘에 그대로 남아 있었다. 마리아와 요셉은 그 사실을 모르고 있다가 하루가 저물 무렵에야 비로소 알게 되었고, 친척들과 친지들에게 물어보았으나 찾지 못하였다. 애태우며 정신없이 살피다가 사흘 뒤 성전에서 예수님을 발견하였다. 마리아와 요셉은 예수님이 율법 교사들 가운데 앉아 경전의 깊은 뜻을 묻고 답하는 모습을 보고 무척 놀랐다. 아들의 모습을 본 마리아가 말했다.

"아들아, 왜 이곳에 있는 것이냐? 네 아버지와 내가 너를 애타게 찾았단다."

"왜 저를 찾으셨습니까? 저는 제 아버지 집에 있어야 하는 줄을 모르셨습니까?"

소년 예수님은 말을 마치고 성전에 인사를 드리고는 부모와 함께 나자렛으로 내려갔다.

나자렛 전경(View of Nazareth)

카나 혼인 잔치에서 기적을 보시다

　　예수님이 서른 살이 되었을 때, 본격적으로 하느님 나라를 선포하시며 공생활을 시작하셨다. 그 무렵, 갈릴래아 카나에서 혼인 잔치가 있었는데, 예수님과 성모 마리아도 그곳에 손님으로 초대받았다. 술잔을 나누며 자리가 무르익을 무렵 포도주가 떨어지자, 성모 마리아는 예수께 "포도주가 없구나."라고 하셨다. 예수님은 이에 "저에게 무엇을 바라십니까?"라고 대답을 하셨다. 성모님은 그 뜻을 즉시 알아들으시고 일꾼들에게 예수님이 시키는 대로 하라고 부탁하셨다. 잠시 후 예수님은 물독 몇 개에 맑은 물을 채우게 하셨고, 일꾼들이 물을 가득 채우자 물은 즉시 포도주가 되었다. 과방장은 포도주가 된 물을 신기하게 여겼지만, 어디에서 난 것인지는 알지 못하였다. 그러나 물을 퍼 간 일꾼들은 알고 있었으므로, 이 사실은 널리 퍼지게 되었다. 갈릴래아 카나에서 예수께서 처음으로 기적을 일으키시고 당신의 영광을 드러내시자, 제자들은 예수님을 믿고 따르게 되었다.

카나의 기적 기념 성당(Church of the Miracles of Cana)

예수의 십자가형에 고통받으시다

　　예수님이 하느님 말씀을 선포하며 생활하신 지 3년이 지났다. 예수께서 인간 세계로 강생하신 것은 세상을 구원하시기 위함인데, 이제 그 시기가 다가온 것이다. 예수님은 우선 성모 마리아께 작별 인사를 하고 앞으로 닥쳐올 재난에 대해 모두 알려 드렸다. 자신을 따르는 이들에게도 당신께서 고난을 겪고, 무고(誣告)로 붙잡혀 신문(訊問)과 능욕을 당하다가 결국 십자가에 못 박혀 죽게 될 것이라고 말씀하셨다. 성모 마리아는 굳게 마음을 먹고 예수께서 가시는 길을 함께 따르기로 하셨다. 성모님은 성자 앞에서는 의연하셨지만, 예전에 시메온이 '당신의 영혼이 칼에 꿰찔릴 것입니다.'라고 한 말을 몸소 겪으셔야 했다. 성모 마리아의 슬픔과 고통은 견딜 수 없는 것이었지만, 이미 어머니로서 예수님의 마음과 일치하여 죄인들의 구원에 뜻을 두셨으므로 다른 원망은 없으셨다.

수난의 길(Via Dolorosa)

아드님의 죽음을 슬퍼하시다

　예수님이 세상을 떠나시자, 성모 마리아와 신자들은 시신을 무덤에 모셨다. 성모님은 (예루살렘) 성안으로 돌아와 몰래 숨어서 슬퍼하시며 예수께서 약속하신 부활의 시기를 기다렸다. 사흘째 되던 날, 예수님은 약속대로 죽음 가운데서 부활하시어 어머니 마리아를 만나셨다. 거룩한 빛이 사방에 비추어 살아생전과는 매우 다른 모습이셨는데, 그 모습을 보자마자 성모님의 마음에 기쁨이 넘쳤다.
　예수님은 부활 후 40일 동안 머무셨고, 사도들에게 세상으로 나아가 선교하도록 깨우쳐 주셨다. 예수님은 때때로 모습을 드러내거나 감추셨는데, 어머니와 함께 하실 때면 항상 정성스럽고 지극했다. 성모님은 성자의 가르침을 속속들이 깊이 헤아리게 되었고, 장래의 알기 어려운 여러 가지 일들을 분명히 깨닫게 되었으며, 듣고 알게 된 것을 예수님 대신 제자들에게 권면하여 이루도록 하셨다.

예수 승천 성당(Church of the Ascension of Jesus)

예수 승천 후 성령이 내리시다

　예수님이 승천하시자, 성모 마리아는 제자들을 이끌고 옛 회당에 모여 예수께서 약속하신 성령 강림을 기다렸다. 승천 후 열흘째가 되던 날, 모여서 기도하고 있을 때 갑자기 하늘에서 거센 바람이 부는 듯한 소리가 나더니 혀 모양의 불꽃이 여러 제자들의 머리 위에 내려앉았다. 성령 강림 이후 제자들은 주님의 말씀에 따라 복음을 선포하기 위해 사방으로 흩어졌으나, 성모님은 제자 요한에게 의지하며 홀로 숨어 계셨다. 그리고 이 시기에 성모께서 애쓰신 공로와 몸소 실천하신 과업들은 나날이 아름답고 참신한 빛을 발했으며, 주님을 사랑하는 마음과 만인에 대한 자애로운 생각은 갈수록 더욱 간절해지셨다.

성모님은 제자들과 함께 하느님의 말씀에 대해 상세히 가르쳐 주시기도 하고, 회당에 나아가 율법상의 의문들과 이해가 어려운 부분들을 설명해 주셨다. 또 약한 이들을 도움의 손길로 잡아 주시고, 슬퍼하는 이들을 온화하게 위로해 주셨으며, 그릇된 일을 저지른 이들을 훈화하시고, 의지를 잃은 사람은 격려하여 나태해지거나 비뚤어지지 않도록 하셨다. 시간적 여유가 있을 때면 친히 예수께서 예전에 지내시던 곳에 가서 그 자취를 살펴보시고, 스스로 정신과 마음을 다잡으셨다. 이때는 온 나라 안이 그 은혜를 입지 않은 것이 없었고, 가르침을 받지 않은 사람도 없었다. 멀든 가깝든, 친밀하든 소원하든, 나이가 많든 적든 간에 모두 성모께 의지하고 스승으로 섬기며 어머니처럼 여겼다. 그러므로 여러 지역의 성인과 현인들은 만 리를 멀다 하지 않고 유다 나라로 달려와서 성모님을 한번 뵙기를 바라고 있었다.

일찍이 디오니시오가 먼 나라에서 배를 타고 온 적이 있었다. 그는 성모 마리아의 성덕과, 수많은 천사가 성모님 곁에서 보필하고 있는 것을 보고 숭고하게 여겨 탄복하며 말하였다.

"하느님이 아닌 것에 대해 내가 명확히 알지 못했다면, 분명 이분을 하느님으로 여겼을 것이다."

또 이냐시오는 주교로서 하느님의 말씀을 전파하는 이였는데, 늘 성모님의 덕을 분명하게 드러내어 여러 사람의 마음을 감동케 하였으므로, 사람들은 성모님의 가르침을 직접 받고 싶어 하였다.

성모께서는 종종 다른 지역에 가시어 많은 이들을 어루만져 주시고 위로하시며, 가르쳐 주시고 이끌어 주셨다. 정성스럽고 지극한 마음으로 복음을 전파하며 굶주리고 목마른 이들을 구하는 일이 끝이 없음을 몸소 보여주신 것이다.

성모님의 덕행은 60여 세까지 이어졌다. 그리스도교가 널리 전파되고, 예수님의 거룩한 이름이 드높이 알려지는 것을 보신 성모님은 이렇게 말씀하셨다.

"내가 세상에 바라는 소원이 거의 만족스럽게 이루어졌다. 이제 내게 남은 것은 하느님과 사랑하는 아들을 만나는 것이다."

기력이 점차 쇠해지는 가운데, 이러한 생각은 날이 갈수록 간절해져 하느님께 간곡히 기도드렸다. 이에 하느님께서는 천사를 보내시어 승천의 기쁜 소식을 알리셨다. 성모님은 그 소식을 듣고 감사를 드린 뒤 요한에게 말씀하셨다. 요한은 그것을 여러 현인에게 전하여 오래지 않아 온 나라에 소식이 두루 퍼졌다. 이때 사도들은 각자 주어진 지역에서 복음을 전파하고 있었는데, 하늘에 계신 예수께서 순식간에 성모님 앞에 사도들을 모이게 하신 뒤, 어머님에 대한 하느님의 특별한 은총을 드러내셨다. 성모님은 이를 보시고 기쁘고 즐거워하시며 대중들에게 하늘로 돌아갈 시기가 다가왔음을 알리셨다. 그리고 몸을 침대에 누이신 뒤, 좌우를 돌아보시며 가까이 있는 사람들에게 마지막 말씀을 전하시고는 하늘을 우러러 간청하셨다.

"하느님의 도우심으로 많은 이들이 날마다 성역(聖域)에 가서 세상 사람들을 통솔하고 올바른 길로 안내할 수 있도록 해 주소서."

이어서 신자들에게는 이렇게 권하셨다.

"화목하고 서로 사랑하며 양보하여라."

신자들은 이 말씀을 듣고 큰 소리로 울면서 말하였다.

"저희는 몸과 마음을 다해 정성껏 모시지도 못했는데, 자애로운 어머니께서는 저희를 어리고 연약한 자녀로 여겨 거룩히 보살펴 주셨습니다. 이 위험한 세상에서 믿고 의지할 아버지도 없는데, 또 믿고 의지할 어머니마저 없게 되었으니 이를 어찌합니까."

성모께서는 재차 위로하시며 말씀하셨다.

"너희 아버지가 하늘에 계시지만 이곳에 오시어 임하지 않은 적이 없는데, 어찌 의지할 곳을 잃었다고 하느냐. 내가 주님의 명을 따라 하늘로 승천하여 돌아가더라도 계속 너희들을 도울 것이니, 의지할 곳을 잃었다고 슬퍼하지 마라."

말씀이 끝나자 예수께서 많은 천사를 거느리고 어머니 마리아를 맞이하러 내려오시며 말씀하셨다.

"아베 마리아, 괴로웠던 겨울은 이미 가고 복된 봄이 다시 왔습니다. 나의 자애로운 어머님, 이 속세의 땅을 떠나서 하늘나라로 올라가실 때입니다. 당신께서는 사람들 가운데 계시면서 항상 하느님의 일을 행하셨고, 오직 하늘나라만을 가슴속에 품고 사셨습니다. 하느님 아버지께서는 이를 매우 크고 귀하게 여기시어 살피셨고, 그 때문에 여러 천사도 어머니를 맞이하러 저를 따라왔습니다. 이제 본향(本鄕)으로 돌아가시어 천지의 모후로 들여 높여지실 것입니다."

성모님은 성자의 음성을 들으시고는 믿고 기뻐하셨다. 그리고 얼굴빛과 몸을 단정히 하신 뒤 하늘을 우러러 말씀하셨다.

"저는 주님의 비천한 종이오니, 비록 부족하지만 주님께서 말씀하신 것처럼 저에게도 은혜를 베풀어 주시기를 바랍니다."

그리고 편안하게 잠자리에 드시자, 우리 주 예수께서는 어머니 마리아의 영혼을 모시고 하늘로 오르셨다.

성모 영면 성당(Church of the Dormition) 내부

마리아, 하늘에 오르시다

성모님의 연세를 헤아려보니 예수께서 탄생하신 해로부터 47년, 예수께서 하늘로 승천하신 뒤부터 15년째 되던 해였으므로 대략 63세이셨다. 예수께서는 육신에서 나온 성모님의 영혼을 이끄시어 하늘로 함께 올라가셨고, 성모님은 하느님 아버지의 자애로운 얼굴을 직접 만나 뵈었다. 천상의 여러 천사가 사방에서 성모 마리아를 에워싸고 그 공로와 영적인 일들을 칭송하며 천상 성인의 위, 예수님의 오른쪽에 계시게 하였다.

성모 마리아의 성스러운 유해는 영혼이 떠난 뒤에도 윤택하고 수려했으며 향기로웠다. 천사들은 끊임없이 조배(朝拜)하러 왔으며 때때로 아름다운 음악을 연주했는데, 사람들이 듣고 감동하여 서로 먼저 경의를 표하고자 하였다. 신자들은 모두 애타고 그리운 마음에 땅에 엎드려 공경하고 예식에 따라 기도문을 암송했으며, 기도가 끝난 뒤 관습에 따라 향유를 뿌리고 염을 하였다. 여러 지역에서 성모 마리아의 승천 소식을 전해 들은 사람들이 한꺼번에 모여들었으므로, 기도하며 성모님을 부르는 소리가 그치지 않았다.

다음 날 새벽 사도들이 성모님 시신을 직접 운구하여 장례를 치르려고 하는데, 운구 도중에 어떤 흉악한 사람이 관에 손을 넣어 욕보이려 하였다. 이때 주님께서 갑자기 나타나시어 그를 벌주시니, 들어 올린 손이 저절로 잘려나가고 절단된 손이 관에 붙어버려 뗄 수가 없게 되었다. 그는 깜짝 놀라 통절하게 후회하며 용서를 빌었다. 사도 베드로가 성모께 자애로운 도우심을 구한 뒤, 그에게 잘린 손을 다시 맞춰 보라고 하였다. 손이 다시 붙자 그는 물론이고 대중들도 성모님의 은총에 감사드렸다. 장례가 끝나고 사흘 동안 신자들은 무덤 주변을 지키면서 밤에도 계속 슬퍼하였다. 사모하는 가운데 천사가 찬송하는 신기한 소리가 들리면, 그때마다 각자 마음속에서 가장 믿고 따르는 신기한 공덕을 말하면서 찬양하고 화답하였다.

당시 토마스는 그 자리에 없었는데 기약도 하지 않고 무덤으로 찾아왔다. 장례 후 사흘이 지나 갑자기 불쑥 찾아온 그는 성모님의 유체(遺體)에 꼭 예배드리고자 하였다. 토마스가 신자들을 모아 무덤을 열어보니, 염을 한 옷만 덩그러니 남아 있었다. 그는 이 신비함에 매우 놀라서 기록으로 남겼다. 이때 이후로 고금의 성인과 현인들은 성모님의 성스러운 시신은 죽음의 영역에 들어가자마자 예수님의 조명으로 부활하시어 바로 승천하셨음을 굳게 믿게 되었다.

성모님의 육신과 영혼은 이미 온전히 하늘에 계시고, 우리 모두는 성모님을 의지하고 있으므로, 만약 단호하게 천국에 가겠다고 결심한다면 성모께서 우리를 인도해 주실 것이다.

하느님은 성모님을 지극히 사랑하고 존중하시어 천상과 지하의 권능을 위탁하셨고, 모든 이의 어머니로 삼으셨다. 이에 성인들은 성모님을 '중개자'라고 칭하면서 이렇게 말하였다.

"예수님은 그 머리이시고 성모님은 그 목이시며, 모든 사람은 몸에 해당한다."

전신의 혈기는 머리에서부터 아래로 내려가니 목을 통하지 않고 머리와 몸이 서로 이어지는 일은 없다. 이처럼 예수님의 은총은 모두 성모님을 통하여 세상 사람들에게 전해지므로, 성모님을 '하늘의 문'이라고도 한다. 하느님께서 베푸시는 복이 성모님을 통해 이루어지며, 우리도 성모께 의탁해야 하늘나라에 이를 수 있기 때문이다.

베르나르도 성인은 성모님을 이렇게 말하였다.

"이 세상에 아직 그 능력을 알지 못하고, 그 자비로움을 경험하지 못하며, 그 은혜를 입지 않은 사람이 있다면, 그는 덕을 찬미하고 기리지 않는 것이다."

이는 이 세상의 모든 사람은 성모님의 은혜로움 안에 있는데, 그 자비로움을 알지 못하고 그 은혜로움을 입지 못한다면, 틀림없이 마귀의 유혹에 빠진 사람이라는 뜻이다. 또 성인은 이런 말도 남겼다.

"세상의 번뇌와 고난에 빠져 있을 때, 여러 우환을 면하고자 한다면 반드시 바다의 별이신 성모 마리아를 공경한 뒤에라야 가능하다."

교만함으로 남을 무시하고, 광기 어린 질투로 깊은 어둠에 빠지며, 탐욕과 불경한 관습에서 헤어나오지 못한다든지, 심지어 병에 걸리고, 원수를 만나고, 재난이 닥치고, 죄악에 빠지고, 의심을 품고, 궁핍함을 근심하는 등 시험에 든다면, 모두 성모님의 거룩한 도우심을 애타게 간구해야 할 것이다. 그렇게 한다면 장차 극복하지 못할 고난이 없고, 이기지 못할 적이 없으며, 낫지 못할 병이 없고, 세우지 못할 덕이 없으며, 사라지지 않을 악이 없고, 제거되지 못할 근심이 없음을 보게 될 것이다. 구하면 주시고, 두드리면 응답하신다는 것을 깨닫게 될 것이다.

제2부에서는
성모님의 잉태부터 승천까지
모든 성인과 현인들이 찬미했던 공덕을 살펴보고,
그중에서 신비한 12가지 이야기를 상세히 밝혀
성모님을 흠모하고 공경하는 데 도움을 주고자 한다.

聖母行實
2

성모님의
찬미 받을 공덕

01.
성모님은
태초부터 하느님의 어머니로
선택되셨다.

　　인간은 조상 아담의 죄로 인해 날 때부터 죄스러운 상태에 처하게 되는데, 이를 원죄(原罪)라고 한다. 하느님께서는 이를 안타깝게 여기시어, 세상을 구원하고 마귀의 손에서 벗어나게 하려는 뜻을 세우셨다. 이에 여인 하나를 선택하시어 어머니로 삼으시고, 그 씨족과 가계의 혈통을 세우셨다. 그리고 아름다운 바탕, 순수한 마음, 구비된 덕행, 태어나기 전과 후의 선한 공덕, 천주의 모후로서 본분을 이루기에 충분한 자질 등을 모두 성모 마리아에게 주셨다.
　　자녀는 어머니에게서 태어나므로 어머니의 아름다움은 아이에게 그대로 전해진다. 하느님의 영묘하심은 온 세상에 두루 통하고, 지극히 인자하심은 만물 안에 고루 미치시니,

그 전능하심으로 성모님이 잉태되실 때에도 안팎으로 능히 여러 덕을 온전히 갖추도록 하셨다.

옛날에 어느 성인이 비유를 들어 이를 쉽게 설명한 적이 있다. 제왕이 새롭게 개국(開國)할 때 땅을 고르고 그곳에 도읍을 세우는데, 반드시 먼저 한 구역을 신중하고 정밀하게 선택하여 궁궐을 짓는다. 궁궐의 터는 궁을 크고 높게 세울 수 있을 정도로 견고해야 하며, 안으로는 궁전을 꾸미고 밖으로는 동산을 만들어서 웅장하고 아름답게 가꿀 수 있게 한다. 하느님의 궁전도 이와 같다. 주님의 궁전은 동정녀의 태와 같은데, 어찌 성자께서 머무시는 궁전을 존귀하고 영화롭게 하지 않으시겠는가.

고금의 성인과 현인들도 성모님에 대해 이렇게 말하였다.

"하느님은 구품 천사[1]부터 여러 성인에 이르기까지의 만 가지 선(善)을 모두 그 어머니에게 주시고, 천사와 성인들의 모후, 은혜로운 거울, 교회의 모범, 영화와 행복의 모음으로 삼으셨다. 하느님은 세상에서 가장 존엄하시고 당신께서 인간의 몸으로 육화하실 어머니 또한 존귀하게 하셨으니, 성모께서 부여받으신 신성함과 그 초월성은 하늘과 땅의 거리처럼 비교할 대상이 없다."

---

1 아레오파지타의 디오니시오(Dionysius Areopagita)는 성경에 나오는 천사들을 세라핌(熾品), 케루빔(智品), 좌품(座品), 주품(主品), 역품(力品), 능품(能品), 권품(權品), 대천사(大天使), 천사(天使)의 9등급으로 나누었다.

02.
성모께서 받으신
하느님의 은총과 축복은
예증되었다.

어떤 사람은 이렇게 물을 것이다.

"주님은 태초부터 스스로 육화하시어 인간을 구원하기로 하셨고, 때가 되어 기꺼이 인간 세상에 오셨다. 주님께서 만들고자 하시면 그대로 바로 만들어지는데, 어찌 미리부터 계획을 세우셨겠는가?"

질문에 답을 하자면 이렇다. 세상에 만들어진 모든 것은 미리 정해진 순서에 따라 일의 시작부터 착수하게 된다. 궁궐을 지을 때는 반드시 먼저 그 터를 정하고, 금속을 녹일 때는 먼저 금속을 주조하는 기술자를 정한다. 하물며 창조주이신 하느님께서 그 일을 하심에 어찌 기초를 다지지 않으시겠는가. 그러므로 태초부터 미리 그 어머니를 선택하시어 유일무이한 은총과 축복을 내리셨음은 의심할 여지가 없다.

하느님은 성모님의 가계 혈통을 상세히 세우시고, 그 사이에 여러 성인을 통해 그 깊은 뜻을 보이시어 경전에 기록하게 하셨다. 성모님이 태어나기 1천여 년 전, 하느님께서 성왕(聖王) '다윗'을 남달리 총애하시어, 복되신 동정녀의 조상으로 삼으셨다. 다윗은 영적인 눈이 열려 앞일을 미리 보고 하느님을 이렇듯 찬양하였다.

"아! 행복하구나. 우리 모후께서 당신의 옆에 서 계심을 보았습니다."

성모 영보(Annunciazione), Uffizi, Mattias Stom(1615~1649)

다윗 왕의 아들 솔로몬도 하느님의 은총으로 큰 지혜를 받았는데, 그 역시 성모 마리아의 복된 경사를 미리 보았다. 성모께서 그에게 이렇게 말씀하셨다.

"시작도 없는 처음부터 하느님께서 나를 선택하셨다. 하늘과 땅이 존재하기도 전에, 산과 바다가 아직 자리를 잡기도 전에, 나는 이미 천주의 빛을 품게 되었으므로 주님은 장차 내 태 안에 머무르실 것이다."

먼 옛날 선지자였던 예레미야와 이사야는 이렇게 예언하였다.

"하느님께서 훗날 본 적도 들은 적도 없는 기적을 행하실 것이니, 반드시 동정녀로 하여금 잉태하게 하시어 주님을 낳게 하실 것이다."

그 이후에 유다 나라에서 많은 성인과 현인들이 나왔는데, 성모님과 성자 탄생의 기적을 예언하지 않는 이가 없었다.

03.
성모님은 하느님의 특은으로 잉태되셨다.

여기에서는 성모님 잉태에 숨겨진 일곱 가지 신비에 관해 자세히 다루고자 한다.

① 하나는 혈통의 기이함이다. 옛날부터 유다 나라에는 명망 있는 두 가문이 있었다. 하나는 통치자 집안이고, 다른 하나는 제사장 집안이었다. 두 가문은 원래 하느님의 특별한 은총을 입어 세워졌는데, 직분과 지위가 동등했고 서로 간에 혼인 관계를 맺어 대대로 세습하였다. 하느님은 성모 탄생의 영화와 기쁨을 드러내시고자, 두 가문의 후손으로 정하시어 태어나게 하셨으니 이것이 첫 번째 기이함이다.

② 다음은 요아킴과 안나가 모두 나이가 들어서 성모님을 잉태하였다는 점이다. 성경에는 연로한 부모에게서 태어난 서너 명의 성인이 등장하는데, 모두 하느님께서 선택하신 이들이었다. 그들은 늘 특별한 총애를 받았고, 하느님의 인도로 큰 공을 세워 주님의 뜻을 온 세상에 펼쳤다. 성모 마리아의 공로는 성인들과는 비교도 할 수 없으니, 잉태되실 때에 하느님의 총애가 누구보다도 각별하셨음을 알 수 있다. 이것이 두 번째 기이함이다.

③ 그다음으로는 원죄가 없으셨다는 점이다. 교회의 가르침에 따르면 자연법칙에 따라 태어난 사람은 그 부모의 덕이 아무리 훌륭하더라도, 잉태되어 영혼과 육신이 결합할 때 모두 원죄에 물들게 된다. 하지만 성모님은 잉태된 첫 순간부터 주님께서 보호하시어 예외적으로 원죄에서 면제되셨다. 오래전 예레미야와 세례자 요한도 어머니 배 속에 있을 때 원죄를 면하게 되었는데, 이는 주님의 은총으로 나중에 모태에서 성화된 것이지 처음부터 죄가 없었던 것은 아니었다. 그러므로 성모 마리아를 찬송할 때, '온전히 빛나는 옥', '맑고 티 없는 거울', '가시가 없는 장미', 또는 '지극히 깨끗하고 맑은 샘'이라고 비유한 것은 이 때문이다. 또 하느님께서는 마귀에게, "후세에 한 여인이 나타나 너의 머리를 발로 밟을 것이다."라고 하셨는데, 이는 성모님이 원죄에 물들지

않으셨기에 가능한 것이었다. 성모께서 원죄 없이 잉태되지 않으셨다면, 어찌 발로 마귀의 머리를 밟을 수 있으며, 온갖 악으로 가는 매듭을 풀 수 있으시겠는가. 이것이 세 번째 기이함이다.

④ 그다음은 영혼과 육신의 아름다움과 기묘함이다. 주님의 은총으로 잉태되신 성모 마리아는 태어날 때부터 이미 그 육신의 바탕이 완벽하게 아름다웠고 온갖 빼어남을 겸비하여 조금도 부족함이 없으셨다. 그래서 일평생 안정되고 평화로워 질병이나 불행이 없으셨고, 그 영혼 또한 매우 명철하고 선하여 그 무엇에도 비할 바가 없으셨다. 어느 성인은 "하느님은 당신께 받을 수 있는 모든 것을 그 어머니 안에 두셨다."라고 하였는데, 이는 성모님의 영혼과 육신이 일반 사람은 물론 성인들을 훌쩍 뛰어넘어 온갖 아름다움과 기묘함을 지니고 계심을 말한 것이다. 이것이 네 번째 기이함이다.

⑤ 다음으로는 태어날 때부터 영혼의 삼사(三司)[2]가 온전하시어 총명하고 영특하셨다는 점이다. 모든 사람은 어머니 배 속에 있을 때 육체가 먼저 완성되고 나서, 영혼을 받

---

2   영혼의 세 가지 관능(官能)을 일컫는 말로 명오(明悟, 지혜), 애욕(愛慾, 사랑), 기함(記含, 기억)을 가리킨다.

아 사람의 본성을 갖추게 된다. 영혼은 지혜[明], 사랑[愛], 기억[記]의 삼사로 이루어져 있는데, 태내에서는 그 힘을 드러내지 못하다가 태어나 육신이 온전해지면 점점 그 힘을 펼치게 된다. 성모님은 잉태되셨을 때, 하느님께서 베푸신 육신의 순수함과 영혼의 거룩함으로, 세상에 나오시기 전에 이미 '지혜'와 '사랑'과 '기억'을 온전히 갖추셨다. 이는 마치 태양이 지평선에서 떠오르자마자, 충만하게 만물을 환히 고루 비추는 것과 같은 것이다. 그러므로 성모님은 '지혜로움'으로 천주의 모후로 뽑히시어 각별한 은혜를 받으셨고, '사랑'으로 그 은혜에 보답하시고자 주님께 당신을 봉헌하고 몸과 마음을 다해 주님의 종이 되길 바라셨으며, 높은 뜻을 세워 평생 동정을 지키셨다. 이것이 다섯 번째 기이함이다.

⑥ 다음은 평생 선(善)에 머무르셨다는 점이다. 성인과 현인의 덕은 달이 차고 이지러지면서 그 빛이 밝고 어두워지는 것처럼 계속 변하지만, 성모님의 덕은 늘 '가득찬 달'처럼 변함이 없으시다. 하느님은 때로 특별히 사랑하시어 그 선택하심에 차이가 나게 된다. 성모님은 하느님의 특별한 은총을 입으셨기에 잉태 때 이미 주님께로 마음이 향하셨고, 생을 마치실 때까지 선으로 나아감이 한결같으셨다. 성모께서는 배 속에 있을 때부터 주님의 가호를 입으시어 선에 머무르시고 평생 변함이 없으셨으니, 이것이 여섯 번째 기이함이다.

⑦ 다음은 영혼과 육신이 서로 조화로웠다는 점이다. 모든 사람은 태어나면서부터 죄에 물들어 있으므로 영혼은 주님의 명령을 거스르고, 육신은 또다시 하느님께서 주신 영의 명령을 거스르게 된다. 성경에서 말한 바와 같이 세상 사람들의 영과 육은 항상 서로 싸우며 조화를 이루지 못한다. 하지만 성모님은 잉태되는 순간부터 원죄에 더럽혀지지 않으셨고, 여러 성덕(聖德)의 은총을 받으셨으므로 그 영은 하느님께 순종하고 육은 하느님께서 주신 영에 순종하니, 거스르는 것도 없고 무리하게 억지로 하는 일도 없으셨다. 이처럼 영과 육이 조화를 이루고 서로를 도우니, 이것이 일곱 번째 기이함이다.

성모 탄생(Birth of the Virgin Mary), Prado, Erasmus Quellinus(1607~1678)

04.
성모님의
탄생은
온 세상의 기쁨이다.

　　성모 마리아는 요아킴과 안나의 오랜 기다림 끝에, 하느님의 은총으로 태어나셨다. 성모님의 탄생은 가정의 영예였을 뿐만 아니라 천상의 구품 천사들과 세상 만물의 기쁨이었으므로, 하늘과 땅에 있는 모든 피조물의 행복이자 즐거움이었다.
　　구품 천사들은 주님께서 선택하신 모후의 탄생을 보고는, 이제 하느님의 계획이 머지않아 이루어지리라는 것을 알았다. 이에 천사들은 기쁘고 행복하여 끊임없이 마리아의 집으로 내려와서 인사드리며 찬송하였다.

세상 사람들도 성모님의 탄생을 모두 기뻐했는데, 사람의 경우에는 세 가지 품계에 따라 살펴볼 수 있다. 품계의 첫 번째는 구원받지 못한 옛날 성인들이고, 두 번째는 구세주로부터 구원받은 성인들이며, 세 번째는 원죄를 지닌 현재와 미래의 사람들이다.

첫째 품[一品]인 옛날 성인들은 복으로 보상을 받아야 마땅하지만, 하느님께서 아직 인간으로 육화하지 않으시어 구원받기 전에 죽었으므로 하늘나라에 올라가지 못한 사람들이다. 그들은 우선 고성소(古聖所)[3]에 머무르면서 주님께서 오시기를 간절히 기다렸는데, 주님께서 선택하신 '천주의 모후'께서 탄생하였다는 말을 듣고 다행스러워하며 기뻐하였다.

둘째 품[二品]은, 예수님에 의해 구원받은 성인과 현인들이다. 그들은 성경과 성전(聖傳)을 통하여 주님께서 육화하시어 고난을 받으시고 인간의 죄를 속량(贖良)[4]하시어 하늘로 올라가는 길을 열어주실 것을 알고 있었다. 그리하여 늘 기도하고 간구하며 약속된 그때가 와서 구원되기를 바랐다. 성모 마리아의 탄생에 이르러 주님께서 알려 주시니 모두

---

3   예수 그리스도가 강생하여 이 세상을 구원하시기 전에 이미 죽은 구약의 옛 성현들이 구원의 날을 기다리던 곳을 말한다. 현행 사도신경에서는 이 고성소가 '저승으로 바뀌었다.

4   예수 그리스도가 십자가에 죽으심으로써 만민의 죄를 대신 속죄[代贖]하였음을 의미한다. 속량은 하느님의 아들인 성자가 강생한 목적이요 인류 구원의 내용이기도 하다.

기뻐하였다. 성경에서는 "세례자 요한이 장차 주님을 앞서가 그분의 길을 준비할 것이므로,⁵ 그가 처음 태어날 때 많은 이가 그의 출생을 기뻐할 것이다."⁶라고 하였다. 선구자의 탄생도 이러한데 장차 성자를 잉태하실 성모님의 탄생은 얼마나 더 큰 행복과 기쁨이었겠는가.

셋째 품[三品]은 원죄를 지닌 현재와 미래의 사람들이다. 세상의 사람들은 살아가면서 세속에 물들고, 잘못된 길로 빠져들기 마련이다. 성경에서는 "의인도 뜻하지 않게 일곱 번이나 쓰러진다."⁷고 하였는데, 보통 사람들은 그 여정에 얼마나 더 많은 시련과 유혹이 있겠는가. 게다가 사람은 나약하여 스스로를 구하거나 죄를 씻어내거나 잘못을 고쳐 바른길로 나아가는 것이 불가능하다. 이에 자애로운 주님께서 친히 인간 세상으로 내려오시어 우리의 고통을 없애주시고자, 성덕(聖德)의 어머니 한 사람을 선택하시어 여러 선(善)의 모범이자 전형으로 삼으셨다. 아울러 사람들이 잘못을 고치고 보호받도록 하셨으므로 성모님을 '죄인들의 피신처', '근심하는 이의 위안', '신자들의 도움', '병자들의 나음'이라 칭하는 것이다.

5　루카 복음 1장 76절 참조.
6　루카 복음 1장 13-15절 참조.
7　잠언 24장 16절 참조.

이처럼 성모님의 거룩한 탄생은 천상의 9품 천사와 천하의 3품 인간들 모두에게 큰 기쁨이자 행복이었다. 오직 지옥의 마귀만이 당황하고 두려워했을 뿐이다. 장차 자신의 머리를 밟게 될 여인의 탄생을 본 마귀가 어찌 두려움에 떨지 않을 수 있었겠는가.

성가정과 함께한 요아킴과 안나
(The Holy Family with Saints Anne and Joachim)
Luca Giordano(1634~1705)

05.
성모님은 평생 동정이시다.

하느님께서 처음 인류를 창조하시고, 스스로 강생하시고자 젊은 여인의 깨끗한 태내를 통해 인간 세상으로 내려오셨으며, 그 여인이 출산을 해도 육체의 동정을 잃지 않도록 하셨다. 또 속된 세상 사람들이 이 사실을 믿지 않고 의심할 것을 염려하시어 여러 곳에 상(像)을 세우시고, 성인과 현인들이 분명히 알고 믿어서 경전에 기록하고 증거로 남기도록 하셨다.

태초에 하느님께서 마귀를 꾸짖으시며 "훗날 한 여자가 태중의 아이와 함께 너를 원수로 여기고 너의 머리에 상처를 낼 것이다."[8]라고 말씀하신 것은 성자께서 인간 세상

---

8   창세기 3장 15절 참조.

으로 내려오심을 허락하신 것이다. 다만 어머니만 언급하고 아버지를 말씀하지 않으신 까닭은 그 잉태와 출산이 부부 관계를 거치지 않은, 동정 잉태임을 드러내신 것이다. 그 후에 하느님께서는 모세 성인을 통해 그 미묘하고 깊은 뜻을 후세 사람들이 깨우쳐 알게 하셨다. 모세는 산속에서 양을 치다가 우연히 떨기나무 한가운데에 큰불이 있는 것을 보았다. 큰불이 솟아올랐는데도 나무가 타지 않은 것을 본 모세는 이를 기이하게 여겨 가까이 가서 보려고 했다. 그때 갑자기 하늘에서 "이리 가까이 오지 마라. 네가 서 있는 곳은 거룩한 땅이다."라는 소리가 들렸고 모세는 이 신기한 일을 기록하였다.[9] 훗날 성인들은 이 기록을 보고 "떨기나무에 불이 솟아오르는데도 나무가 훼손되지 않은 것은, 바로 성모께서 주님을 잉태하고 낳으셨지만 동정을 거스르지 않았음을 보여주는 것"이라고 하였다. 또 하느님께서는 모세의 형 아론을 대사제(大司祭)로 선택하시고 사람들이 따르게 하시고자, 모세에게 마른 나무 지팡이 열두 개에 각각 이름을 새겨 성막 안에 있는 증언판 앞에 두도록 하셨다. 이튿날 아론의 이름이 새겨진 마른 지팡이에서 꽃이 피고 열매가 맺혔다. 이것을 본 대중들은 신기하게 여겨, 아론을 함께 추대하고 그의 말에 귀를 기울였다.[10] 이에 성인들은

---

9   탈출기 3장 1–5절 참조.
10   민수기 17장 16–26절 참조.

"마른 지팡이는 젊은 여인이고, 마른 지팡이에 꽃이 피고 열매가 맺힌 것은 바로 여인이 부부 관계 없이 예수님을 낳은 것을 말한다."라고 하였다.

성경에서는 성모님을 '봉해진 우물', '닫힌 정원',[11] '티 없는 거울'[12]에 비유한다. '봉해진 우물'은 마치 우물이 봉해져서 항상 깨끗하고 혼탁하지 않은 것처럼 성모께서 성자를 낳으셨지만, 여전히 깨끗한 몸으로 동정성이 조금도 줄어들지 않았음을 뜻한다. '닫힌 정원'은 성모께서 정원의 꽃처럼 외부로부터의 근심거리를 받지 않으셨음을 의미한다. '티 없는 거울'은 성모께서 동정의 몸인 것이 처음부터 완전함을 가리킨다.

이후에 하느님께서는 에제키엘 성인의 눈을 영적으로 열어주시어, 매우 커다란 성전 안에 오직 동쪽으로 난 문만 닫혀 있는 것[13]을 보여주셨다. 하느님께서는 "이 문은 옛날부터 열린 적이 없었다."라고 말씀하셨는데, 이는 주님과 관련된 문이기 때문이다. 아우구스티노 성인도 성모께서 "아이를 낳기 전, 낳을 때 그리고 낳은 후에 조금도 동정을 잃지 않았다."라고 하였으며, 출산 후 동정에 대해서는 "마치 태양이 유리그릇을 통과할 때 그릇은 손상되지 않고 빛은

---

11 아가 4장 12절 참조.
12 지혜서 7장 26절 참조.
13 에젤키엘서 44장 1–2절 참조.

더 밝아지는 것과 같다."라고 하였다. 만일 성모께서 임신하셨을 때, 혹은 출산하신 뒤에 원래의 동정이 조금이라도 훼손되었다면 어찌 다른 여인들과 구별될 수 있겠으며, 하느님께서 말씀하셨던 '본 적도 없고 들은 적도 없는 기적'이라 할 수 있단 말인가.

어떤 사람은 이렇게 묻기도 한다.

"하느님께서 태(胎) 속에 계실 때도 그 동정을 잃지 않으셨는데, 어떻게 주님의 진짜 어머니라는 것을 증명할 수 있는가."

질문에 답을 하자면 이렇다. 모든 사람은 반드시 부모 두 사람을 통해서 태어나므로, 탄생의 반은 아버지에게 있고, 그 반은 어머니로부터 얻는 것이다. 주님께서 강생하시어 태어나셨을 때, 그 공로는 오직 어머니를 향해 있으니 그 어머니 되심은 진실하고 확실한 것이다. 만일 성자를 잉태할 때 자연법칙에 따라 조금이라도 동정이 훼손되었다면 다른 사람들의 어머니와 다를 바가 없는데, 어찌 하느님의 어머니라고 할 수 있겠는가. 그러므로 천사가 마리아에게 축하하며 예고한 이래로, 교회는 성모 마리아가 평생 동정이었음을 받들어 믿는 것이다.

06.
성모님은 모든 덕행의 모범이시다.

덕행의 실천은 두 가지로 완성되는데, 하나는 악을 멀리하는 것이고, 다른 하나는 선을 행하는 것이다. 성모께서는 이 두 가지 행실로 모든 덕행의 모범이 되셨다.

1) 악을 멀리하신 성모님

성모님은 어머니 안나의 태내에 있을 때부터 주님의 은총과 축복으로 인해 유일하게 원죄에 물들지 않으셨다. 성인들도 "모든 인간 세상의 죄를 논할 때 크고 작음을 막론하고, 성모님은 죄가 일절 없으시다."라고 하였는데, 이를 자세하게 살펴보면 다음과 같다.

죄악은 만 가지 형태로 다양하게 나타나지만, 크게 두 가지로 구분된다. 바로 '선하지 않거나 선이 부족한 것', 그리고 '하지 말아야 할 일을 하거나 해야 할 일을 하지 않는 것'이다. 이를 어김, 흠결(欠缺)이라고 한다. 성모님은 지켜야 하는 것을 어긴 흔적이 없을 뿐만 아니라, 털끝만큼의 흠결도 없으시다.

선이 부족한 모든 사람은 대개 다음 세 가지와 관련이 있다. 첫째는 생각만 하고 깨닫지 못하는 것이고, 둘째는 의지가 따르지 못하는 것이며, 셋째는 덕의 힘이 부족한 것이다. 사람은 선을 향해 나아가고 악을 피해야 하는데, 날 때부터 죄에 물들어 그릇되고 미혹되었으므로 이를 깨닫지 못한다. 사랑도 올바른 방향을 잃고 사사로움에 치우쳐서, 매번 옳지 않은 것에 빠지게 된다.

성모님은 태어나실 때부터 하느님 은총의 빛을 받으시어 부여받은 성정이 매우 순수하였고, 모든 것이 어우러져 온전하셨다. 성모님은 이미 '지혜'가 밝으셨으므로 그 뜻과 힘에서 악은 저절로 물러났으며 조그만 오염도 없으셨다. 그러므로 성인들은 성모님을 완전한 아름다움이라 찬미하고 '가득찬 달', '맑은 날의 해', '반짝이는 거울', '가시 없는 장미'로 비유하면서, 성모께서 조그마한 결점도 전혀 없으심을 칭송하는 것이다.

2) 선을 행하신 성모님

덕(德)¹⁴에는 일곱 가지가 있다. 그중 삼덕(三德, 대신덕/향주덕)¹⁵은 사람이 하느님을 향하게 하는데, 바로 신덕(信德, 믿음), 망덕(望德, 희망), 애덕(愛德, 사랑)이다. 이는 사람의 힘으로 얻을 수 있는 것이 아니라 하느님께로부터 부여받는 것이므로 '초자연덕'이라고도 한다. 이에 비해 사덕(四德, 윤리덕/사추덕)¹⁶은 사람이 평소에 마땅히 습득해 나가야 하는 덕으로, 지덕(智德, 현명), 의덕(義德, 정의), 용덕(勇德, 용기), 절덕(節德, 절제)을 말한다. 이 네 가지 덕은 하느님의 도우심에 의지한 수동적 측면뿐 아니라, 인간의 의지에 따른 능동성이 요구된다.

① **신덕**(信德, 믿음)

성모님의 신덕은 세 가지로 징험할 수 있다.

첫째는 하느님께서 태초에 주신 온전한 축복의 거룩함으로, 장차 인간으로서 고난을 겪고 죽음을 맞이하실 성자께서, 신성(神性)과 인성(人性)이 하나의 위격 안에서 긴밀히 결합하시어, 참하느님이시며 참인간으로 오심을 믿으신 것이다.

---

14 크게 '초자연덕'과 '자연덕'으로 구분된다. 초자연덕은 하느님의 자비하심으로 무상으로 베푸는 덕이기에 주입덕(注入德)이라 하고, 자연덕은 인간이 자신의 노력으로 갖출 수 있기에 습득덕(習得德)이라고 한다.
15 인간에 대한 하느님의 요구와 하느님께 대한 인간의 직접적인 관계를 나타내는 기본 덕을 '대신덕(對神德)' 또는 '향주덕(向主德)'이라 한다.
16 인간 사이의 관계에서 요구되는 가장 요긴한 네 가지 덕을 '윤리덕(倫理德)' 또는 '사추덕(四樞德)'이라 한다.

둘째는 하느님의 은총의 힘으로 임신을 하고 아이를 낳아도 여전히 동정을 잃지 않으며 깨끗함이 더럽혀지지 않음을 믿으신 것이다. 옛날부터 성인들은 이 두 가지를 가장 큰 신비로 여겼는데, 인간의 지성으로는 알 수 없는 것이기 때문이다.

셋째는 인성을 취하신 주님께서 무수한 고난을 받으시고 십자가에 못 박혀 돌아가실 때 사도들은 놀라 달아났으나, 성모님은 성자 옆을 지키셨다는 것이다. 이는 고통과 수난으로 만민의 죄를 대신 치르시는 성자께서 그 빚을 다 갚고 나면 말씀대로 부활하시며, 하느님께서 계획하신 구원 사업도 완전해진다는 것을 성모께서 굳게 믿으신 것이다.

이로 인해 믿는 모든 이가 함께 찬미하며, 성모님을 교회의 어머니로 섬기는 것이다.

② **망덕**(望德, 희망)
성모님의 망덕은 다섯 가지로 요약할 수 있다.

첫째, 성모께서 애초에 동정을 맹세하셨지만 임신과 출산에 있어 하느님께 순종하셨는데, 이는 주님께서 말씀하신 대로 이루어지길 바라신 것이다.

둘째, 요셉이 성모 마리아의 임신을 알고 근심할 때에 서둘러 결백을 말하기보다는, 하느님께서 정하신 때에 해결해 주시기를 바라며 아무 말도 하지 않고 믿고 기다리셨다는 것이다.

셋째, 성모께서 카나의 혼인 잔치에서 포도주가 부족하다는 것을 아시고 성자께 도움을 요청하셨을 때, 성자께서는 "아직 저의 때가 오지 않았습니다."라고 단호히 대답하셨다. 하지만 성모님은 성자께서 저버리지 않으실 것을 믿고 바라셨으므로, 일꾼들에게 예수께서 시키는 대로 하라고 이르셨다. 그리고 맑은 물이 채워진 물독들은 포도주로 변하였다.

넷째, 제자들은 예수께서 부활하신다는 것을 분명히 들었음에도 십자가 죽음 앞에 동요하고 실망하였다. 하지만 성모님은 굳건한 심지(心志)로 흔들림이 없으셨고, 언약대로 부활하신 예수님을 누구보다 먼저 만나 그 은총을 입기를 바라셨다.

다섯째, 성모님은 성자께서 반드시 그 몸을 보존하시고 생전에 세상의 더러움에 물들지 않기를 바라셨으며 사후에도 손상되는 것을 원치 않으셨다. 성모님 또한 영혼과 육신의 고결함을 유지하시어 승천 후에 성자와 함께 영원한 복을 누리기를 바라셨다.

③ **애덕**(愛德, 사랑)

성모님의 애덕에 대해서는 말로 다 표현하기가 어렵다. 성모께서는 잠잘 때, 깨어 있을 때, 움직일 때, 멈춰 있을 때, 음식을 먹을 때, 말을 할 때, 침묵할 때 등 모든 순간에 몸과 마음을 다하여 지극히 하느님을 사랑하셨다. 하느님을 사랑하는 마음을 매번 더 크고 온전히 할 때면 그 힘은 배가되었다. 마치 큰 불더미에 땔나무를 더 넣어 불이 더욱 크게 활활 타오르는 것과 같았다. 이런 이유로 어느 성인은 이렇게 말하였다.

"성모님의 어진 사랑의 불꽃은 마음속에 세차게 타올라서 세상을 마칠 때까지 꺼지지 않았다. 영혼과 육신의 힘을 다하여 그 육신이 죽음에 이르렀을 때도 그 영혼은 오히려 하늘 위로 날아올라 계속 타오르며 조금도 끊김이 없었다."

여러 덕(德)들은 육신의 죽음과 함께 멈추게 되는데, 유독 주님에 대한 사랑은 사후에도 더욱 면밀하고 온전해진다. 예수께서는 "벗을 위하여 목숨을 내놓는 것보다 더 큰 사랑은 없다."[17]고 말씀하셨는데, 성모께서도 성자가 고난과 모욕을 당하신다는 것을 듣고는 바로 그곳으로 달려가 잠시도 곁을 떠나지 않고 고통을 함께하시며 참된 사랑을 보여주셨다. 그러므로 경전에서는 성모님이 주님을 사랑하는 그 정성을 이렇게 표현하였다.

"온갖 고난이 따르는 바다에 있더라도 사랑은 사라지지 않는다. 간절한 인애는 고난을 만나면 배나 돈독해진다."

---

17   요한 복음 15장 13절 참조.

이것이 대략적인 성모의 '삼덕'이다.

성모님의 남은 '사덕'에 대해서도 알아보기로 하자.

① **지덕**(智德, 현명)

'지덕'은 말과 행동에 실수가 없는 것이다. 성모님은 평소 침묵을 지키시되 말을 하실 때에는 간략하면서도 그 뜻이 진실하셨으며, 거짓이 없고 겸손하여 한순간도 소홀함이 없으셨다. 행동은 공손하면서도 싫은 내색이 없이 늘 부지런하셨고, 마땅히 따라야 할 일은 반드시 뜻과 정성을 다하셨으며, 일을 끝마치지 못하는 경우는 없으셨다. 이로써 지혜의 징험으로 삼으니, 성모님을 '더없이 지혜로운 여인'이라고 칭송하는 것이다.

② **의덕**(義德, 정의)

'의덕'은 도리에 맞게 행하는 것이다. 성모님의 의로움은 하느님 공경과 사랑을 우선으로 여기며, 무한한 주님의 은혜에 보답하고자 주님을 기쁘게 하고 흠숭하기를 조금도 소홀하지 않으신 것이다. 성모님은 부모께 효도하고, 벗과는 사이좋게 지내며, 아랫사람의 처지를 잘 살피고, 약한 사람을 돕고, 궁핍한 사람을 구제하고, 모욕하는 이를 용서하셨다. 또 슬퍼하는 이를 위로하시고, 고난에 처한 이를 도우시며, 근심하는 이를 불쌍히 여기시고, 모든 이를 사랑하시면서 마음과 힘을 다해 성실히 의로움을 실천하셨다.

③ **용덕**(勇德, 용기)

'용덕'은 역경(逆境)에 굴하지 않고, 순경(順境)에 방종함 없이 중립을 지키며 흔들리지 않는 것이다. 성모님의 용덕은 역경과 순경 두 가지에서 징험해 볼 수 있다.

역경은 성자가 고난을 받으셨던 때보다 더할 때는 없을 것이다. 성모님은 성자와 함께 고통에 동참하기를 원하셨기 때문에, 성자께서 고난을 당하실 때에도, 십자가에서 죽음을 맞으실 때에도 성모님은 그 고통을 함께 겪으셔야 했다. 하지만 성모님은 고통과 슬픔 속에서도 놀라거나 굴하지 않으셨으며 흐트러지지도 않으셨다. 오히려 굳건한 신념으로 사도들을 위로하셨고, 성자에게 해를 끼친 자들을 주님께서 용서하시어 벌하지 않도록 간구하셨다.

십자가 길에서 예수를 만난 마리아
(Jesus meets his mother)
Gian Domenico Tiepolo(1727~1804)

순경에 대해서는 성자의 부활보다 더한 것은 없을 것이다. 부활하신 예수님은 구원의 큰 공로를 이루시어 천사와 성인들의 왕으로 받들어지셨다. 이는 진실로 무엇과도 비교할 수 없는 영광이자 축복이며, 다른 사람들에게는 감당하기 벅찬 기쁨일 것이다. 그러나 성모님은 의연하셨고 조금도 자랑하는 기색이 없으셨다. 이는 그 굳셈의 덕이 지극한 것이다.

④ **절덕**(節德, 절제)

'절덕'은 신체 감각의 욕망을 절제하는 것이다. 성모님은 태어나시고 돌아가실 때까지 언제 어디서든 청렴하지 않은 적이 없으셨다. 생활도 매우 간소하고 소박하게 하시어, 겨우 생명을 유지하는 데에 만족하셨으며 배불리 먹지 않으셨다. 때마다 재계(齋戒)를 지키시어 주님의 마음을 기쁘게 하고 당신의 공덕을 더하셨으며, 아울러 사람들을 죄에서 보호하고자 하셨다. 옷은 수수하게 입고 꾸밈이 없으셨으며, 친지라도 부득이한 일이 아니면 만나지 않으셨다. 겸손하고 온화하시어 사람들의 감탄과 공경을 받으시니, 천사와 성인의 바른 본보기와도 같았다. 그러므로 일찍이 베네딕토 성인은 이렇게 말하였다.

"성모님의 모든 덕은 정결이 덮개가 되고, 겸손이 울타리가 된다. 정결을 통해 주님의 남다른 은총을 받으시고 겸손을 통해 주님의 강생을 입으셨으며, 또 정결하시어 여러 천사들보다 훨씬 앞서 계시지만 겸손하시어 뭇 사람들보다 스스로를 낮추셨다. 그러므로 지극히 공평하신 주님께서 성모님을 여러 천사와 성인들보다도 높은 곳에 올리신 것은 과한 것이 아니라 마땅한 것이다."

성모자와 성인들
(Coronation of the Virgin with saints)
Moretto da Brescia(1498~1554)

07.
성모님의 공로는 지극히 거룩하며 온전하시다.

하느님께서 한 사람을 뽑아 특별한 일을 행하실 때에는, 반드시 먼저 아름다운 자질을 부여해 주시고, '지혜'에 영적인 지식을 더하시며 '사랑'에 성덕(聖德)을 부어 주신다. 방해되는 것들은 제거해 주시고, 기댈 수 있는 것들을 내어 주시며, 대대로 좌우에서 도와주시어 마침내 그 일을 이룰 수 있게 하신다. 성모님은 이런 선택을 받으시어 지극히 존엄한 자리에 오르셨고, 크고 높은 공로를 세우셨다. 은총과 도우심을 입고 직분을 다하여 공로를 완수하셨으니 이보다 더할 수는 없을 것이다. 이에 한 성인은 이렇게 말하였다.

"신성한 공덕의 궁극은 성모께서 하느님 말씀에 온전히 순종하신 것이다. 그러므로 성모님의 공덕은 지극히 아름답고 거룩하시어 사람의 생각으로 알 수 있는 것이 아니며 말로도 다 설명할 수 없다."

여기서는 우선 세 가지 요점을 중심으로 성모님의 공덕을 설명하고자 한다.

① 성모께서 하신 하나의 공덕은 다른 모든 공덕과 통한다.

덕을 행한다는 것은 항상 서로 연관되어 있어서 다른 행동과 분리될 수 없다. 게다가 성모께서 덕을 행하실 때는 반드시 아름답고도 완전하게 하시는데, 이는 여러 덕의 궁극적인 본질 아니겠는가. 성모님의 영적인 지식은 가장 밝고, 영적인 권능은 가장 두터우며, 사랑하고 공경하는 마음은 넘치시고, 주님의 도우심은 더 없으시니, 선행에 뜻을 세우면 반드시 덕(德) 하나로 그치지 않고 모든 덕의 전부가 실행된다.

② 성모님의 공덕은 꾸준하여 끊김이 없다.

여러 천사와 성인들은 주님의 남다른 은총을 입었지만 본성이 약하고 덕의 크기에 한계가 있다. 그러므로 순수하고 엄밀하며 꾸준하게 공을 이루지는 못하였다. 오직 우리 성모님만이 종신토록 끊김이 없이 이루실 수 있었다. 이에 성모께서도 "내 몸은 잠을 자서 쉬는 것 같아도 마음은 늘 깨어 있어서 한순간도 쉰 적이 없다."고 하신 것이다.

③ 성모님의 공덕은 그 다함이 없다.
성인과 현인들은 성모님에 대해 이렇게 말했다.
"비록 가장 누추하고 보잘것없는 일이라 하더라도, 하느님의 뜻에 마음을 일치시켜 주님을 기쁘게 하고 그 덕에 보답하고자 하셨다."
또 몸과 마음을 다하셨어도 미처 더 하지 못한 것이 계속 마음에 남아 스스로 그 공로를 알지 못하셨다. 성모님은 언제나 주님께 온 마음을 다하셨는데, 무언가를 바라도 이와 같지 않고 그렇게 될 수도 없으니, 주님을 사랑하고 공경하는 마음은 점점 커지고 더 크게 불타올랐다. 이에 한 성인은 이렇게 말하였다.
"하느님과 성모님은 상호교환하듯이, 하느님은 은총을 주시고 성모님은 감사히 받으며, 하느님은 그 도우심을 배로 하시고, 성모께서는 다시 그 사랑을 배로 하신다. 이와 같이 점차 늘어나므로 항상 다함이 없는 것이다."
이는 매일매일 새롭게 나아가는 것과 같으므로 그 공덕은 계속 불어나 무궁함에 이르게 된다. 그러므로 성모님의 공적은 하나하나 서술할 수 없으며, 오직 하느님만이 아시는 것이다.

08.
성모님은
주님의 영광을 받으시며
승천하셨다.

처음과 끝, 삶과 죽음은 서로 깊이 연결되어 있어서, 탄생에 신비가 있는 것은 생을 잘 끝마칠 복된 징조이다. 성모님의 탄생에는 하느님의 특별한 은총이 있었으므로, 삶을 마치실 때도 반드시 각별한 복을 누리셨음을 알 수 있다. 여기서는 성모 승천에 관한 특별한 몇 가지를 설명하기로 한다.

① 성모님은 평소 늘 승천을 바라셨다.
세상 사람들은 살아 있음을 좋아하고, 죽음을 꺼리는데 아마도 살아 있는 것을 좋게 여기고 죽는 것을 흉하게 여겨서일 것이다. 그러나 성인들은 세상의 모든 고난과 고통이 자신의 고향 일이 아니라는 것을 알기 때문에, 죽는 날

을 다시 삶을 시작하는 때처럼 여기고 꺼리지 않으며, 오히려 즐거움과 기쁨으로 생각한다.

　성모님은 일찍이 하느님의 은혜를 입으시어 세상의 고통과 하늘나라의 참된 행복에 대한 통찰이 매우 뛰어나셨다. 그러므로 늘 하늘로 올라가 영원한 복을 누리길 바라셨으며, 기도를 하지 않는 때가 없으셨다. 성자께서 승천하신 뒤에 그 마음은 더 커지셨고, 성자를 만나고 싶은 바람도 더욱 간절해지셨다. 다만 제자들이 걱정되어 하느님께 이렇게 기도드리셨다.

　"저는 주님의 종이오니, 만약 여기에 남아 교회에 도움이 되라거나, 혹 신자들을 위로하라고 하신다면 기꺼이 그렇게 하겠습니다. 하지만 여기에 남지 않아도 된다면, 여종이 간절히 바라는 바를 우리 주님께서 오랫동안 알고 계시니 가벼이 넘기지 마시옵소서."

　성모님은 당신 자신을 잊으시고, 주님과 사람들을 사랑하는 마음만이 간절하셨다.

　② 성모님이 세상을 떠나시는 날, 주님께서 몸소 마중 나오셨다.

　하느님께서는 성모님의 정성 어린 기도에 감동하시어, 가브리엘 천사를 통해 승천의 기쁜 소식을 알리셨다. 이어 신자들을 일시에 모두 모이게 하신 다음, 성부와 성자께서도 천사와 성인들을 거느리고 성모님 앞으로 내려오셨다. 더도 없을 만큼 어질고 자상하게 승천의 영광을 드러내신 것이다.

옛 기록을 보면, 성인이 육신의 삶을 마치는 날에 하느님께서 종종 친히 내려오시어 하늘나라로 올려보내셨다는 이야기가 있다. 또 성경에서는 예수님이 이렇게 말씀하셨다.

"너희 마음이 산란해지는 일이 없도록 하여라. 내가 다시 와서 너희를 데려다가 내가 있는 곳에 너희도 같이 있게 하겠다."[18]

주님께서 성인들을 사랑하는 마음이 이처럼 두터우신데, 성모님에 대한 총애는 어떠하셨겠는가.

③ 성모님은 돌아가실 때 마귀의 위협을 받지 않으셨다.

세상 사람들은 죽음이 다가오면 마귀가 여러 번 찾아와 유혹하므로, 지옥에 빠져 끝없는 고초를 받게 된다. 성모님은 잉태되실 때부터 '마귀의 머리를 밟을 분'이셨고, 여러 덕을 갖추셨으며, 아주 조금도 모자람이 없으셨다. 또 죽음에 임박하여 하느님과 예수께서 오시어 맞이하시고 성인들이 좌우에서 보필하니, 마귀가 비록 계책을 바꾸더라도 어찌 그 술수를 펼 수 있었겠는가.

---

18 요한 복음 14장 1-3절 참조.

④ 성모님은 평생 병으로 인한 고통이 없으셨다.

　세상 사람들은 어려서는 건장하지만, 건장하다가 쇠하게 되며, 쇠해지면 늙게 되고, 늙으면 결국 삶의 마지막에 이르게 된다. 그 사이에 병고(病苦)가 계속 찾아와서, 죽을 때까지 이를 면치 못하는데, 이는 원죄에서 비롯된 것이다. 성모님은 주님의 은총을 입으시어 예순 살을 넘기신 나이에도 병고가 없으셨다. 이에 성인들은 이렇게 말하였다.

　"성모님의 육신은 주님의 큰 도우심으로 순수한 기질을 받으시어 그 조화로움으로 병에 걸린 적이 없으셨다. 돌아가실 때에도 성자에 대한 사랑이 불꽃으로 변화된 듯, 마치 그윽한 향기가 피어올라 하늘로 올라가는 것과 같았다."

⑤ 성모님은 돌아가실 때 근심이 없으셨다.

　모든 사람은 세상에 와서 떠나는 시기가 정해져 있으므로 죽음을 피할 수 없다. 사람이 살아 있을 때에는 영혼과 육신이 가장 단단하게 결합해 있지만 죽을 때에는 서로 떨어지게 된다. 성모님은 영혼과 육신이 각각 성덕을 갖추셨기에 죽음의 순간이 다가와도 평안하여 두려움이 없으셨다. 성모님은 죽음으로 인해 비록 영혼과 육신이 잠시 떨어지더라도 오래지 않아 다시 결합될 것이고, 천상에서 영원히 참된 복을 누리실 것을 미리 알고 계셨으니, 어찌 근심과 걱정이 있으셨겠는가.

⑥ 성모님이 돌아가신 뒤 그 거룩한 육신이 승천하셨다.

성모님의 육신은 영혼과 분리된 이후에도 곱고 윤택하며 향기가 났고, 천사들이 내려와 기쁘게 경배하였으므로 사흘 밤낮 음악이 끊이질 않았다. 사흘 후에 성모님의 육신은 부활하여 바로 승천하셨으므로 영혼과 육신이 원래대로 결합되었다. 성모님의 깨끗한 몸은 이미 주님이 아홉 달을 계시다 나오셨어도 변하지 아니하였는데, 어찌 주님께서 성모님의 육신을 오랫동안 무덤 속에 두고 훼손되게 하시겠는가. 또 주님께서 부활하실 때에 옛 성인들의 육신도 부활하도록 하시어 함께 천국에 올라가셨는데, 천사와 성인들의 모후이신 그 어머니께는 어떠하셨겠는가.

이러한 이유로 고금의 성인들은 성모님의 육신이 주님의 은총을 입어 부활하셨다는 것에 의심이 없었다. 분명 사흘은 무덤에 계셨지만 그 뒤에 부활하신 것은, 첫째로 성자의 자취를 따르신 것이고, 둘째로 육신은 죽었다는 사실을 증명하신 것이며, 셋째는 아직 오지 않은 신자들을 기다리시는 것으로, 친히 하느님의 은혜를 받게 하고자 하신 것이다.

또한 승천하실 때는 다른 힘에 의지하지 않고 바로 성자께 의탁하시어 하늘로 올라가셨다. 이러한 까닭에 천사들은 성모 승천의 영광을 신기해하며 말하였다

"사랑하는 주님을 의지하여 들판에서 하늘로 올라가신 분, 저 아름다운 여인은 누구일까."

성모 승천
(Inmaculada Concepción), Prado,
B.E. Murillo(1617~1682)

　천사들이 성모 승천을 부러워하며 우러렀던 것을 보면 성모님이 생을 마치실 때의 영광과 은총이 어떠했는지 조금이나마 헤아려 볼 수 있을 것이다.

09.
성모님은 승천하시어 천상의 복을 받으셨다.

"하느님께서 준비하신 천상의 여러 가지 영화와 행복은 당신을 사랑하는 성인들에 대한 보상이며, 그것은 모든 사람이 전에 본 적도 들은 적도 없고, 마음으로 헤아릴 수도 없는 것이다."

경전에 기록된 성인에 대한 보상도 이와 같은데, 천사와 성인을 훨씬 뛰어넘는 성모님에 대한 보상을 어찌 말로 표현할 수 있겠는가. 여기에서는 그 가운데 몇 가지를 설명하여, 사람들이 그 만분의 일이나마 알 수 있게 할 뿐이다.

① 천상의 복은 실로 세상에서 세운 공(功)에 따른 것이므로 성모께서 받으실 복은 여러 천사와 성인들의 보상과는 비교할 수가 없다. 성인들은 성모님의 천복(天福)에 대해 이렇게 말하였다.

"성모께서 누리신 천상의 복은 여러 천사와 성인들이 누린 복보다 커서, 찬란한 태양이 여러 별보다 뛰어나며, 태양 하나가 만물을 비추는 것이 만 개의 별이 비추는 것보다도 밝은 것과 같다."

또 성경에서 제자 요한이 성모께서 천상의 복을 받으시는 광경을 보고 감탄하여 "태양을 입고 발밑에 달을 두고 머리에 열두 개의 별로 된 관을 쓰셨습니다."[19]라고 한 것은 신성하고 복된 빛을 드러낸 것이다. 모두 성모께서 받으시는 영광과 복을 분명하게 드러낸 것이지만 만분의 일도 비할 수 없다.

② 천상의 복은 '지혜'와 '사랑' 두 가지 힘에서 비롯된다. 사람이 살면서 쌓은 공덕은 모두 이 두 가지 힘에 의한 것이며, 죽은 뒤에 받을 공의 보상도 이 두 가지 힘에 상응하는 것이다. 여기에서는 성모께서 복된 빛의 조명으로 예지(叡智)에 밝으셨음을 간략히 설명하려고 한다.

---

19   요한 묵시록 12장 1절 참조.

하느님은 지극히 아름다우시고 거룩하시며 신비 그 자체이시다. 성모님은 이를 명확히 인식하고 계셨으므로, 그것이 모두 참된 복의 근본이 되었다. 성모께서는 모든 것을 뛰어난 통찰로 인식하시어, 시작도 끝도 없는 세월 속에서 인물의 성정과 앞으로 생겨날 일을 명확히 아셨다. 사물의 도리와 더불어 천사와 사람의 여러 정황은 성모님의 권능 하에 있으므로, 응당 꿰뚫어 보셔서 자세하고 분명하게 알 수 있는 것이다. 이처럼 성모님은 천사와 성인, 사람들의 감춰진 모든 마음을 꿰뚫어 인식하고 계실 뿐만 아니라, 사람이 성모님을 흠앙하고 기억하고 생각하며, 도움을 간구하고 그 공로를 칭송하며 은혜에 감사하는 모든 것 또한 명백하게 인식하고 계신다. 성모님의 뛰어난 통찰과 인식은 매우 넓고도 깊어, 홀로 하느님과 예수님에 버금가시며, 여러 천사와 성인들의 것보다 뛰어나시다는 것을 알 수 있다.

'사랑'은 '지혜'를 주재하는 복된 빛의 조명에 의한 것이다. 자애로운 주님의 각별한 은총을 입으면 사랑이 더 지극해지므로, 이때 누리게 되는 기쁨과 즐거움은 말로 설명할 수가 없다. '사랑'은 '지혜'를 따라서 행동하므로 그 '지혜'로 사물의 아름다움을 이해하여 알게 되면, '사랑'도 점점 더 깊어진다. 이에 마음에 품은 생각이 점차 견고해지고, 일상에 거처하는 것도 점점 더 편안해지며 즐거움으로 가득 차게 된다. 그러므로 성모님이 주님을 사랑하는 마음과 편안하고 즐거운 그 마음의 깊이는 헤아릴 수 없다.

경전에서는 천상의 여러 성인이 받은 복락(福樂)에 대해 간략한 비유로 설명하고 있다. "주님은 맑고 깨끗한 시냇물이 넘쳐 흐르게 하시어, 천사와 성인의 목마름을 족히 해소해 주신다."라고 하거나, 하느님께서 여러 성인이 하늘나라의 문으로 들어올 때 "착한 종들이여, 충실한 종들이여, 너희들이 주님의 낙원에 들어왔다."라고 말씀하신다. 세속의 즐거움은 매우 작은 것이기에 '내 안에 낙원이 들어왔다'라고 말하지만, 천상의 복락은 매우 큰 것이므로 '내가 낙원 안에 들어왔다'라고 말하는 것이다. 하느님께서 착한 종에게 베푸시는 보상을 보면, 그 어머니에게는 더 융성하게 하실 것이니 그 복락의 지극함을 알 수 있다.

이에 선지자는 육신의 복과 덕을 네 가지로 정리하였다. 첫째는 '찬란히 빛나며 어둠이 없는 것'이고, 둘째는 '강건하여 화(禍)를 입지 않는 것'이며, 셋째는 '가볍고 민첩하여 정체됨이 없는 것'이고, 넷째는 '신묘함에 방해됨이 없는 것'이다.

성모님이 천상에서 누리시는 복은 이외에도 더 많으나, 이에 대해서는 뒤에서 자세히 서술하기로 한다.

10.
성모님은 승천하시어 천상 모후의 관을 쓰셨다.

경전에서는 "천상의 천사와 성인은 대개 제왕처럼 긴 겉옷을 입고 관(冠)을 썼다."라고 하였다. 이는 천상의 성인들이 얻는 진기한 아름다움을 세상 사람들이 숭상하는 것에 따라 드러낸 것이다. 옛 기록을 보면, 전쟁의 승리자는 모두 화관(花冠)이나 보석으로 꾸민 보관(寶冠)을 머리에 써서 그 공로를 표창하고 영광을 드러냈으므로, 옛날부터 성인의 용모를 그릴 때에는 반드시 빛나는 관(즉 후광[後光])을 그려 머리 주위에 둘렀다. 관은 성인들이 살아 있을 때 자신의 사욕을 단속하고, 높은 뜻과 강한 힘으로 마귀·세속·육신의 세 가지 원수[20]를 물리쳐서 모든 세대의 영광이 되

---

[20] 인간 영혼의 세 가지 원수인 삼구(三仇)를 말한다. 마귀는 성경에서 인간을 죄로 유인하는 자로 나타나므로 영혼의 원수이고, 세상과 육신 역시 그 자체는 원수가 아니

었다는 것을 나타낸다. 그러므로 천국에서도 영원토록 변치 않는 복된 보관(寶冠)을 더하는 것이다.

관(冠)에는 세 가지가 있는데, 하나는 '정결함을 표창하는 관'으로 평생토록 정결을 지키는 이에게 씌워주는 것이고, 또 하나는 '의로움을 표창하는 관'으로 주님을 위해 목숨을 바친 이에게 씌워주는 것이며, 다른 하나는 '선교를 표창하는 관'으로 온 마음과 온 힘을 다해 예수님을 믿고 알리며 선을 권면하는 이에게 씌워주는 것이다. 이 세 가지 관은 고난과 괴로움을 이기고 주님의 바른 뜻을 받든 탁월한 공로의 보상으로 하늘나라에서 받게 된다. 그리고 성모께서 천상에서 받으신 관은 세 가지 아름다움을 모두 아우르고 있다.

① 성모님의 '정결을 표창하는 관'
성모님은 어머니 안나의 태 안에서부터 이미 정결하셨고, 태어나서는 평생 변치 않을 것을 맹세하셨다. 훗날 성자를 잉태하셨으나 정결이 훼손되거나 오염됨이 없었고 동정의 아름다움을 드높이셨으므로 모든 세대의 모범이 되셨다. 이는 성모님의 정결이 모든 사람의 정결을 훨씬 뛰어넘는 것이며, 하느님께서 영광의 관으로 기리실 만큼 분명 특별한 것이다.

나 세속의 헛된 욕망과 육신의 사욕편정(邪慾偏情, 그릇된 욕망과 감정에 치우침)이 원수라는 말이다. 신자들은 삼구와 더불어 칠죄종(七罪宗)을 영혼 구원의 가장 큰 적으로 여겼다.

② 성모님의 '의로움을 표창하는 관'

성모님은 평생 성자와 함께 의로움을 위해 가난과 고난을 참고 견디셨다. 시메온은 아기 예수를 안고 있는 성모께 "당신의 영혼은 몇 번이고 칼에 꿰찔리실 것입니다."라고 하였다. 그 말처럼 성모님은 성자와 함께 고통을 당하셨을 뿐만 아니라, 성자께서 하늘로 올라가신 후에는 그 제자들의 고난을 함께 받으셨으니, 실로 성모님의 영혼은 일생 꿰찔림의 고통을 겪으셨던 것이다. 만일 스스로 강한 의지를 세우지 않고 성자의 도우심도 없었다면 감당하지 못하셨을 것이다.

성모 대관(Coronation of Mary),
Firenze, Museo di San Marco, Fra Angelico(1395~1455)

그러므로 어느 성인은 이렇게 말하였다.

"성모님의 육신이 고난에 죽은 것은 아니지만, 영혼과 마음은 여러 번 죽은 것과 마찬가지였습니다."

훗날 성인들은 때마다 성모님을 "의로움을 위해 목숨을 바치시어 고난 속에 돌아가신 하느님의 어머니"라고 칭송하였다. 이로써 천상에서 의로움을 표창하는 영광의 관이 성모께 씌워진 특별한 상임을 알 수 있다.

③ 성모님의 '선교를 표창하는 관'

성모님은 일찍부터 주님의 이끄심으로 교회의 신비와 덕행의 규범을 명확하게 이해하시어, 같은 뜻을 가진 여성들에게 전해 주셨고, 스스로 모범이 되셨다. 중년에 이르러서는 언제나 이웃 사랑에 정성을 다하셨고 덕에 정진하셨다. 성자께서 하늘로 올라가신 뒤에는 여러 번 그 유명(遺命)을 받으시고, 제자들에게 권면하시며 몸과 마음을 다해 주님의 뜻을 따르셨다.

또 유다 나라에 머무르시면서 종종 사도와 제자들에게 성자께서 평소 하셨던 말씀과 행동과 전해 받은 가르침의 오묘한 뜻을 상세히 설명해 주셨다. 자애로우신 성모님의 은혜를 받지 않은 이가 없었으므로 세상 모든 이가 스승처럼 따르고 어머니로 여겼다. 이에 성모님을 '중생의 안식처', '교회의 근간'이라고 칭송하는 것이다. 이러하니 성모께서 하늘나라에서 어머니이자 스승으로서 선교의 관(冠)을 받는 것이 어찌 합당하지 않겠는가.

　이로써 성모께서 천상에서 받으신 관의 세 가지 신비를 알아보았다. 세상 사람들은 성모님의 거룩한 모습에 감동하여, 어떤 이는 동정을 지키고, 어떤 이는 의로움에 목숨을 맡기고, 어떤 이는 그리스도교를 널리 전하였다. 그리고 하늘나라에 올라가 복을 받을 때 다시 그 공을 성모께 돌렸으므로, 성모님의 복락은 계속 불어나 더해지지 않는 때가 없으니 헤아릴 수가 없다.

11.
성모님을 공경하는 것이 왜 옳은가.

여기서는 성모님 공경의 이유를 살펴보고, 어떻게 공경을 드러내는지를 밝혀 세상 사람들이 이를 본받아 경건함에 이를 수 있도록 하고자 한다.

① 하느님은 시작도 없는 먼 옛날부터 성모님에 대한 총애가 각별하시어, 잉태된 첫 순간부터 죽음에 이르기까지 은사(恩賜)를 더해 주시고 주님 다음가는 지위를 내려주셨다. 이는 주님께서 당신의 어머니를 존중하시고 사랑하심이 매우 깊고도 크시기 때문이다. 우리는 모두 주님의 자녀인데 하느님을 흠숭하는 사람이 어찌 성모님을 공경하지 않을 수 있겠는가.

② 천상에 있는 구품 천사와 세상의 성인들은 모두 하느님의 소리 없는 이끄심과 바른 가르침을 통해 언제 어디서든 성모님을 지극히 공경하였다.

먼저, 제일 처음 만들어진 천사들은 천지 만물의 창조 이전에 성자께서 장차 인간 세상으로 내려오시어 동정녀에게서 태어나실 것을 미리 알고, 이때부터 성모님을 공경하기 시작하였다. 천사들은 성모님이 어머니 안나의 배 속에 있을 때부터 온갖 종류의 성덕(聖德)을 갖추고 계심을 보았기에, 여러 차례 하늘에서 내려와 성모께 경배하고 찬미하였다. 또 성모께서 승천하시는 날에도 천사와 성인들이 하늘에서 내려와 성모님 좌우에서 섬기고 보필하며 찬송하면서, 모두 존경의 지극한 뜻을 드러내었다.

고금의 성인들은 성모님을 공경하되, 어떤 이는 말로 선양하였고, 어떤 이는 글로 기록하였으며, 어떤 이는 하느님께서 주신 영감으로 성모님이 태어나시기도 전에 기이한 징험을 드러내었다. 또 어떤 이는 성모님의 성덕(聖德)을 보고 살아 계실 때의 일들이 돌아가신 후 남긴 신비한 자취에 영향을 미쳤음을 모두 밝히 드러내어, 모든 세대에게 공경과 사랑의 마음을 불러일으켰다. 어떤 이는 많은 재물을 바쳐서 성전을 짓고 성모상을 설치하였으며, 정성으로 미사를 드렸다. 또 어떤 이는 수도자들을 위해 수도원을 세워서 엄격한 규칙에 따라 아침저녁으로 주님을 섬기고, 성모님의 공덕을 칭송하여 본받도록 하였다. 또 어떤 이는 성모님의 복되심이 여러 면에 두루 미침을 찬미하고 사람들을 기도로 이끌어 성모님의 은혜를 널리 퍼뜨렸다. 천사와 성인들이 성모님을 공경하는 것은 모두 이처럼 간절하였다.

③ 주님께서는 성모님을 주님의 어머니로 택하셨을 뿐만 아니라 천사와 모든 인류의 은혜로운 모후로 삼으셨다. 또 특별한 지혜와 능력을 주시어 천상의 천사와 여러 마귀, 그리고 세상 모든 사람을 관할하게 하셨다. 아우구스티노 성인은 성모님 공경에 대해 이렇게 말하였다.

"성모께서는 이미 세상을 구원하실 참하느님을 낳으셨고, 사람을 구원하실 권능 또한 여러 천사와 성인들의 것보다 크시어 비교할 수가 없다. 그러므로 주님께서 주신 성모님의 권능으로는 극복하지 못할 고난이 없고, 이기지 못할 적이 없으며, 낫게 하지 못할 병이 없고, 복종하게 하지 못할 마귀가 없으며, 그 명령에 따르지 않을 그 무엇도 없다. 그러하니 세상 사람들이 고난을 극복하고, 마귀의 계교를 벗어나고자 도모한다면 어찌 성모님을 우러르고 공경하지 않을 수 있겠는가."

성모님은 불가능이 없으실 뿐만 아니라 더없이 자애로우시므로, 사람이 고난에 빠져 구조가 절실한 상황에서는 기도를 기다리지 않고 서둘러 구하신다. 옛 성인들도 성모님의 전구하심에 대해 이렇게 말하였다.

"주님께서 장차 세상에 내려오시어 사람들의 죄를 엄히 심판하고자 하실 때, 성모께서는 반드시 기도를 바치시어 어떤 때는 주님의 분노를 그치게 하시고, 어떤 때는 주님께서 내리는 형을 줄여 주시고, 어떤 때는 벌의 범위를 느슨하게 해 주시고, 어떤 때는 사람들이 반성하여 고치도록 권하시고, 어떤 때는 유혹의 단서를 없애주시고, 어떤 때는 마귀의 계획을 깨부수어 주시고, 어떤 때는 사악함의 발단을 막아 주시어 마침내 생명을 보호하시고, 덕을 온전하게 하시어 그 복을 이루도록 하신다."

공경은 실제로 세 가지에서 드러나는데, 바로 '마음'과 '말'과 '행동'이다.

① **마음**[心]

'마음'은 다시 믿음[信]·사랑[愛]·희망[望]의 삼덕(三德)으로 요약된다. '믿음'은 성모님의 육신이 동정이고 영혼이 때묻지 않은 점, 완덕을 지녔다는 점, 공덕이 빼어난 점, 모든 것이 그 어떤 존재보다도 월등히 뛰어나다는 점을 의심 없이 믿는 것이다. '사랑'은 마음속으로 깊고 절실하게 성모님을 흠앙하며 온갖 피조물 위에 성모님을 두고 우러르는 것을 말한다. '희망'은 세속·마귀·육신이라는 세 가지 원수가 공격해 올 때 반드시 은혜로우신 성모께 도움을 청하여 의탁하고 간절히 바라는 것이다.

만약 구하는 바가 이루어지지 않는다고 성모님을 모른다고 하거나 하실 수 없다고 생각한다든지, 자애롭지 않다고 여기며 희망을 놓아서는 안 된다. 그것은 구하는 것이 합당하지 않거나, 그것을 이루게 되더라도 도움보다는 오히려 해가 되기 때문이다. 혹은 구하는 바가 비록 옳은 것이라 하더라도 아직 시기가 아닌 것이다. 이것이 성모께서 실로 더없이 자애로우신 분이라는 점이다. 만약 구하는 바가 합당하고, 또 때가 된다면 성모께서는 반드시 그 바람을 허락하고 위안을 주실 것이다.

② **말**[言]

'말'은 세 가지로 요약되는데, 감사와 칭찬과 선포(宣布)이다. 사람들은 늘 성모님의 은혜를 입지 않는 때가 없으므로, 마음으로 사랑하면 입 또한 그것을 따라가게 된다. 보호하심에 감사하고 그 좋음을 칭찬하고, 그 신비를 선포하려 할 때, 많은 사람이 말과 글로 온 정성을 다하여 힘쓰는 것은 성모님을 존경하고 사랑하고자 함이지, 자기 자신의 사사로움을 위해 하는 것이 아니다.

③ **행동**[行]

'행동'은 두 가지로 요약할 수 있다. 하나는 미사를 드릴 때 간절하고 경건하게 하는 것이고, 다른 하나는 법규에 따라 온 마음을 다해 근면한 것이다. 대개의 사람은 마음 안에 있는 것이 반드시 바깥으로 드러나기 마련이다. 반드시 공손하게 성모님을 공경하고 마음을 다해 정성으로 모신다면, 성모님과 같은 행동이 자연스레 몸에 따르게 된다. 다만 마음으로 믿고 바라며, 말로 감사하고 몸으로 고개 숙여 절을 하더라도, 행동으로 옮기지 않고 심지어 규계(規誡)를 어긴다면 이는 성모께 죄를 짓는 것이다.

오래전 한 소년이 있었다. 성모님을 향해 항상 기도를 바치고 공덕을 칭송하였으나, 행동은 깨끗하지 못하였다. 성모께서는 불쌍히 여기시어 꿈에 나타나시어, 더러운 그릇에 맛있는 음식을 담아 소년에게 주셨다. 그러나 소년은 그것을 취하려 하지 않았다. 이에 성모께서 말씀하셨다.

"너는 항상 기도를 바치고 찬송을 기리니 내가 어찌 기쁘지 않겠느냐. 다만 네 마음이 깨끗하지 않아서, 맛있는 음식을 더러운 그릇에 담아낸 것과 같으니 어찌 내가 받아 누리겠는가."

잠에서 깨어난 소년은 깊이 깨닫는 바가 있었다. 그리하여 이전의 잘못을 통렬히 반성하고 고쳐서 마침내 성덕(聖德)을 갖춘 사람이 되었다.

이러한 까닭에 베르나르도 성인은 이렇게 말하였다.
 "성모께 간구한 바가 이루어지기를 바라는 자들은 모두 부지런히 성덕을 본받아야 한다. 성모님은 지극히 겸손하시며 마음이 곧은 분이시므로, 마음이 오만하고 몸이 더러운데 성모께 은총과 도움을 바라는 것은 망령된 것이다. 부류가 다르면 모이기 어렵고, 뜻이 다르면 화합하기 어려운 것이니, 두려워하지 않아서야 되겠는가."

만백성의 성모(Madonna del Popolo), Uffizi
Federico Barocci(1535~1612)

12.
성모님은 당신을 공경하는 이들에게 보상하신다.

성모께서는 항상 크고 많은 은혜를 베푸시므로, 드러나지 않은 때가 없고 이르지 않은 곳이 없으며 받지 못한 사람이 없다. 그러니 아무리 둔하고 무지한 이들이라도 정성스레 공경하면 성모께서 은혜를 베푸시어 보상해 주신다.

옛날 서쪽에 뱃사람이 있었는데, 어렸을 때부터 성모님을 매우 간절히 공경하며, 매일 묵주 기도 150단을 바쳤다. 어느 날 바다를 건너는데, 맹렬한 폭풍이 사방에서 일어나, 돛이 찢어지고 돛대가 훼손되어 배가 물에 가라앉으려 하였다. 같이 배에 탄 사람들 모두가 놀라서 얼굴이 새파랗게 질렸다. 그러나 뱃사람만 혼자 평소와 마찬가지로 여유로웠으며, 묵주를 들고 공경스럽게 기도문을 암송하며 성모님의 도우심을 기다렸다. 그러자 순식간에 산봉우리들이 불쑥불쑥 솟구쳐 배 주위를 빙 둘러서 주위의 바다를 잠잠해지게 하였다. 그들이 산봉우리를 세어보니 150개였다. 사람들이 서로 놀라 의아하게 생각하자, 뱃사람이 말했다.

"이는 성모께서 우리를 구원하신 것이오. 아마도 일찍이 내가 매일 묵주 기도 150단을 경건하게 읊어 공경스럽게 바쳤기에 성모께서 그 숫자에 응하셔서 자비로움을 드러내신 것입니다."

말을 마치고 배를 보수하여 앞으로 나가고자 하니, 산봉우리들은 홀연히 사라졌고 모두가 이에 감사드렸다.

성모님은 당신을 공경하며 독실하게 믿는 이들을 어려움에서 도와주실 뿐만 아니라, 주님께서 주신 남다른 능력, 남다른 지혜, 남다른 인자함을 반드시 사랑하는 자녀와 함

최후의 심판(Last Judgment), Firenze, Museo di San Marco
Fra Angelico(1395~1455)

께 하고자 하신다. 옛 전적을 살펴보니, 무릇 온 마음으로 성모님을 독실히 공경하고 본받는 이들은 그 마음과 지혜와 덕의 힘으로 때때로 본성을 초월하게 된다. 심지어는 어리석고 글의 뜻을 이해하지 못하는 사람도 성모님의 도우심을 얻어 깨닫게 되고, 스승이 없어서 배우지 못한 사람이라 하더라도 직접 만물의 이치를 통달하게 된다. 또 과거에서 미래에 이르기까지의 세상의 모든 일과 드러나지 않은 사람의 마음을 꿰뚫어 보고 미리 알려주어 사람들의 삶에 도움을 주고, 깨달음에 도달하도록 하는 이도 있다. 더욱이 성모님의 이름을 불러서 은총과 도우심을 얻는 사람도 있는데, 자세한 내용은 제3부에서 살펴보기로 한다.

오로지 간절하게 성모님을 공경하는 사람은 몸이 비록 인간 세상에 있어도 승천하여 복을 받는 보증을 이미 얻은 것이다. 안셀모 성인은 다음과 같이 말하였다.

"성모께서 돌보지 않으신 것은 죽어서 지옥으로 가지 않는 경우가 없고, 총애하시는 것은 살아서 승천하지 못하는 경우가 없다."

또 베르나르도 성인은 이렇게 말하였다.

"구하는 것이 이루어지기를 바라는 사람은 모두 성모께 의탁하면 반드시 그 바람이 어긋나지 않을 것이며, 하늘에 올라 복을 누리기를 희망하는 모든 이는 성모님을 믿고 따른다면 반드시 잘못됨이 없을 것이다."

성모님은 지극히 자애로우시고 영험하시어 늘 감응(感應)하신다. 그 신비롭고 거룩한 일들에 대해서는 고금의 성인과 현인들이 기록으로 남겼지만 수천 수백 가지 중 한둘에 불과할 뿐이다.

제3부에서는 성모님과 관련된 현저하고 신비한 자취에 대해 아홉 가지 주제를 중심으로 서술하였다. 사람들이 나아갈 방향과 피해야 할 것들을 알게 하고 성모님을 온전히 공경하도록 하여, 복되신 성모님의 총애가 변하지 않도록 하기 위해서이다.

聖母行實 3

성모님의
신비한 자취

01.
성모님은
기도를 하는 이들을
도우신다.

성모님을 부지런히 공경하는 세 자매가 있었다. 자매는 성탄 전날 성당에 가서 고해성사를 하였는데, 고해가 끝나고 사제에게 물었다.

"어떻게 해야 성모님이 강림하시고, 그 복과 은총을 얻을 수 있게 됩니까?"

사제는 이렇게 답했다.

"가장 중요한 것은 마음과 몸을 정결하게 하는 것이고, 다음으로는 묵주 기도 15단[21]을 매일 바치는 것입니다. 만일

---

21 교황 요한 바오로 2세는 기존의 '환희의 신비', '고통의 신비', '영광의 신비' 세 가지에 '빛의 신비'를 더하였다. 따라서 지금의 묵주 기도는 20단이다.

이와 같이 한다면 성모님의 은총과 복이 반드시 내릴 것입니다."

자매는 가르침을 받아들이고 즉시 경건한 뜻과 깨끗한 마음으로 묵상하며 성모께서 은총의 빛을 비추어 주시기를 기다렸다.

한밤중이 되자 성모님이 이르셨는데, 고운 옷을 입으시고 신기한 광채를 발하시어 해와 달도 비교가 안 되었다. 옷 네 군데에는 '아베 마리아'라는 글자가 금빛으로 새겨져 있었다. 성모님은 먼저 맏이에게 가시어 그 정성을 보시고 복을 내려주셨다. 그다음에는 둘째에게 가시고, 마지막으로는 막내에게 가셨다. 그런데 둘째와 막내에게 내려진 복은 맏이의 것보다 못했다.

두 자매는 이 사실이 탐탁지 않아서 사제에게 고하였다. 사제는 성모님의 뜻을 풀어 일러주었다.

로사리오 성모(Madonna of the Rosary), Chiesa di San Domenico, Lorenzo Lotto(1480~1556)

"천주와 성모님의 복된 빛의 조명은 딱 그 사람의 공덕에 상응하는 것입니다. 아마도 두 사람의 공경이 언니의 경건함과 정성에 미치지 못했을 것입니다."

두 자매는 참된 가르침을 받아들이고, 힘을 다해 더 열심히 공경하였다. 마침내 성모께서는 그녀들에게 만이와 다름없는 복을 내려주셨다. 세 자매는 성모님의 은혜에 매우 기뻐하며 감사드렸다. 그리고 종신토록 동정을 지킬 것을 맹세하고 성모님을 모시며 살았다.

어떤 사람이 세속에 물들어서 선한 공을 쌓는 데 태만해졌다. 시간이 오래 지나도록 고칠 줄을 몰랐는데, 다행히 도미니코 성인을 만나게 되었다. 성인은 선한 일을 하도록 권면하면서 성모께 묵주 기도 15단을 계속 바치면 살아 있을 때와 죽은 다음에 모두 큰 난을 면할 수 있다고 말해주었다. 그는 감동하여 온 마음을 다해 선을 닦았으며 신비한 힘이 날로 강해졌다. 그리고 일찍이 세속에 물들었던 것을 통회하며 스스로 그동안 저지른 죄와 잘못을 닦아내고자 하였다. 그러나 죄가 너무 많은 데다가 또 가려져 있어서 다 기억해 낼 수가 없었다. 이에 마음이 답답하고 평안하지 못하여 끊임없이 뼈저린 후회를 하였다.

어느 날 갑자기 종이 하나가 하늘에서 내려왔는데, 그

종이에는 그동안 그가 평소 지은 잘못이 다 적혀 있었다. 이것이 성모님의 은혜라는 것을 느낀 그는 고해하여 용서를 받고 마음이 평안해졌다. 이에 성모님을 기리며 매일 꾸준히 기도하였고 그 공덕은 배가되었다.

　세 아들을 키우는 부인이 있었다. 여인은 아들들을 신중하게 가르쳤고, 아이들이 묵주 기도를 바치고 나서야 공부하러 가게 하였다. 어느 날 세 아들이 공부하러 가다가 맏아들이 발을 헛디뎌 물에 빠지고 말았다. 형을 찾을 수 없게 되자 둘째 아들은 달려가 어머니에게 고하였다.
　어머니는 그 말을 듣고도 태연하게 성모상 앞으로 가서 기도하였다.
　"이 아이는 제가 일찍이 성모께 의탁한 아이입니다. 오늘 데려가시든지, 저에게 다시 주시든지 오직 성모님의 뜻에 따를 것입니다. 이를 어찌 감히 어기거나 원망하겠습니까."
　기도를 마치고 맏아들이 있는 곳으로 가 보니, 그 아들은 물 위에 떠서 생기있게 어머니를 부르고 있었다.
　그것을 본 사람들은 아주 기이하게 여겨 그를 구해서 언덕으로 끌어 올렸다. 그리고 어떻게 해서 죽지 않았는지를 묻자, 아이가 답하였다.
　"우리 집에서 경배하던 성모께서 물 위에 분명히 나타

나시어 나를 가라앉지 않도록 하셨습니다. 그래서 죽지 않을 수 있었습니다."

이 말을 들은 사람들은 모두 성모님의 커다란 은혜에 감복하여, 더욱 공경하며 그 도우심에 의탁하였다.

양부모의 어진 가르침으로 일찍부터 성모 공경에 대해 배워 온 아이가 있었다. 늘 성모님의 공덕을 칭송하고, 기도문을 암송하며 부지런히 공경하였다. 그러나 나중에는 나쁜 친구들의 꾐에 넘어가 제멋대로 굴며, 도리에 어긋나는 행동을 하기도 하였다. 그렇지만 묵주 기도 바치기를 그만두지 않았으므로, 그에게는 잘못을 뉘우칠 단서가 있었다.

훗날 병에 걸려 죽음이 다가왔고, 그 영혼은 천주 대전에 나아가 평생 쌓아 온 선악(善惡)의 경중을 조사받았다. 천사 하나가 저울로 재어보니, 악업이 무거워 장차 감옥에서 벌을 받을 상황이었다. 이때 다른 천사 하나가, 그가 살면서 바쳤던 묵주 기도를 저울 받침대에 놓으니 선업(善業)이 다시 무거워졌다. 이에 하느님께서는 그의 잘못을 용서하시고, 성모님을 공경한 것에 보상하시며 게으른 세상 사람들을 경계하셨다.

02.
성모님은
재(齋)를 지키는 사람을
도우신다.

매우 간절하게 성모님을 공경하는 착한 사람이 있었다. 그는 어느 날 문득 프랑스의 한 성당 안에 있는 성모님이 신비와 영험한 은혜가 매우 많다는 말을 듣고는 성모 축일에 그 성당에 갔다. 그러나 돌아올 때 병이 옮아서 병원에 입원하게 되었는데, 병으로 정신이 혼미해져서 고해도 하지 못하고 죽었다. 마귀들은 그를 지옥으로 밀어 넣고 그 죄를 내걸어 모욕하였다.

성모께서 그의 충정을 보시고는 즉시 내려가 구해 주고자 하셨다. 성모님은 그가 재계를 지키고 성모송을 외웠으며 가난한 사람을 도와주고, 스스로 책망하며 잘못을 반성하고 있음을 예수께 알리시고, 사람의 약한 의지와 그가 저지른 죄를 용서해 주시기를 엎드려 청하셨다. 예수님은 그의 죄를 용서하시며 마귀에게 석방할 것을 명하셨다. 마귀는 죽을 때 가지고 있던 중죄(重罪)를 반드시 용서해 줄 필요는 없다고 하였지만, 예수께서는 마귀에게 입을 다물고 명령에 따르도록 하셨다. 마귀가 물러나자, 성모께서는 그의 영혼이 다시금 원래 몸과 합하도록 하시고 그 죄를 뉘우쳐 용서받게 하셨다.

　병원에 있던 여러 사람이 죽은 자가 다시 부활하는 것을 보고 놀라 달아나려 하였는데, 죽은 자가 일어나서 말하였다.

　"놀라지 마십시오. 다만 주교님께 대신 청하여 제 죄를 사하게 해 주시면 정말 다행으로 여길 것입니다."

　주교가 오자 그는 이전에 저지른 잘못을 처음부터 끝까지 자세히 말하고, 사면을 받아 평안하게 세상을 떠났다.

　어떤 처자(處子)가 영원히 정결할 뜻을 세우고 성모님 앞에 나아가 여종이 될 것을 맹세하였다. 처자는 성모 축일에 재(齋)를 지키고 매일 묵주 기도를 부지런히 하면서 공경을 게을리하지 않았다. 이때 혈기 있는 한 병사가 그녀의 외모에 반하여 강제로 취하고자 하였다. 처자는 자애로운 성모께 도움을 간청하고는 그 나쁜 병사에게 말하였다.

"오늘은 성모 축일이오. 나는 성모께 재를 지킨 것이 오래되어, 감히 어길 수가 없소. 게다가 내가 입교(入敎)할 때에 성모님의 이름을 빌려 마리아라 불리게 되었는데, 그대는 어찌 내 정결을 감히 더럽히려고 하여 성모님의 의로운 분노를 부른단 말이오."

병사는 그 말을 듣고 마치 우레에 맞은 것처럼 두려워하며 떠났다. 처자는 엎드려 성모께 감사를 드렸고, 죽을 때까지 정절을 지켰다.

어진 집안에서 자란 한 소녀는 어려서부터 부모와 스승의 가르침을 받아, 간절히 성모님을 사랑하고 공경하였다. 매일 성모송을 외우고 아침저녁으로 그 행적을 익혔으며, 매번 성모 축일이 되면 반드시 먼저 재계(齋戒)하고 성모님을 받들며 은총 얻기를 바랐다.

마침 성모 축일이 다가오자 소녀는 사랑의 마음이 평소보다 더 간절해짐을 깨달았다. 이에 성모님을 우러르며, 하늘나라에 올라 영원히 천상의 은덕(恩德)에 의지할 수 있기를 간구하였다. 성모님이 허락하시자 소녀는 너무나 기뻐하며 부모께 말씀드린 뒤, 재를 지키고 스스로 준비하였다.

그 부모는 딸을 어리석다고 생각하며 그 말을 믿지 않

왔다. 하지만 소녀는 성당으로 들어가 성모상 앞에 꿇어앉아 마음의 눈으로 성모님을 우러르며 어서 자기를 데려가 주시기를 청하였다. 정오가 되자 수많은 천사가 성모님을 옹호하며 내려와 천상의 음악을 연주하면서 소녀를 이끌고 하늘로 올라갔다. 부모는 딸이 무릎을 꿇은 채 오랜 시간 움직이지 않자 가까이 가 보았는데, 이미 영혼이 떠난 뒤였다. 그들은 딸이 말한 것을 그제야 믿고 성모께 거듭 감사드렸으며, 이를 전해 들은 사람들은 모두 칭송하였다.

어린 소녀들에게 둘러싸인 성모자
(Madonna with Jesus surrounded by children)
Eduard Veith(1820~1887)

03.
성모님은
온전히 봉헌된 삶을 사는 이들을
감싸 주신다.

　부르노 성인은 뜻이 같은 사람들과 함께 카르투시오회를 창립하고 깊은 산속에서 고된 수행에 힘썼다. 어느 날 갑자기 교황의 부름을 받아 로마로 부임하게 되자, 형제 수사들에게 수도회 규칙을 엄격히 지키며 중도에 그만두지 말 것을 당부하였다. 이때 빈틈을 타서 마귀는 이간질할 계획을 세우고 악인(惡人)을 선동하여 시비와 비방을 일으켰다. 그리고 '엄격한 수행의 괴로움'과 '산속에 사는 우울함'을 몰래 계속 돋우어서 다른 잡념들이 생겨나게 하였다. 수사들은 이에 마음이 두려워져서 아침저녁으로 주님과 성모님의 도우심을 청하고 계속 일하며 마음속 두려움을 극복하였다.

그러던 어느 날 나이가 들고 아름다운 한 사람을 보았는데, 바로 베드로였다. 베드로는 강림하여 주님의 말로 위로하였다.

"형제들이여, 근심하지 마시오. 주님과 성모님은 당신들이 수행을 시작한 때부터 당신들의 공로를 보셨습니다. 당신들의 위급함을 보시면 고난에서 구해 주실 것입니다. 끝날 때까지 보호하여 안전하게 하시고 당신들을 버리지 않으실 것이니, 공덕을 게을리하지 말고, 행동을 나태하게 하지 말며, 겸손하게 각자 힘쓰길 바랍니다."

말을 마치고 사라지자, 수사들은 근심과 두려움이 갑자기 사라져 매우 기뻤다. 이에 날로 그 뜻을 새롭게 하고 공을 열심히 쌓자 덕의 빛은 억누를 수가 없었으며, 민중들은 이 빛을 우러르며 따르게 되었다.

총명하고 덕망 높은 프란치스코는 세속을 떠나 죽을 때까지 가난하게 살았던 성인이다. 수년간 도를 이루고 덕을 세워 따르는 사람이 많아지자, 그들을 이끌고 성모 성당에 가서 수도회 규칙을 세우려는 아름다운 뜻을 청하였다. 그리고 로마에 들어가서 그 사실을 고하였으나 교황은 허락하지 않았다. 이에 성모께서 교황에게 꿈 하나를 보여주셨는데, 꿈속에서 무너지려는 커다란 교회를 프란치스코가 어깨로 지고서 다시 일으켜 세우고 있었다. 교황은 크게 깨닫고 성모님을 찬미하며 성인이 바라는 것을 허락하였다. 성인은 몸을 정결하게 하고 사람들을 교화시켜 그 뜻을 잘 이루도록 하였다. 훗날 성인이 공로를 세우고 사람들을 감화시킨 것은 모두가 성모님의 도우심 때문이다.

도미니코 성인은 어려서부터 성모님을 매우 사모하여 성모송을 정습(精習)하고 겸손하게 그 자취를 실천하며 스스로 영과 육의 순결을 이루었다. 그리고 성모님의 남다른 총애를 입어 수도회 원장이 되었다. 어느 날 성인이 성당에 들어가 아침 미사에서 헌사를 할 때 하늘의 문이 갑자기 열리는 것을 보았다. 높은 자리에 앉아 계신 예수께서는 화가 나신 채, 세 개의 봉을 들고

프란치스코의 전설
(Legend of St Francis_Dream of Innocent II)
Giotto(1267~1337)

계셨다. 하나는 재물을 탐하는 이를 향한 것이고, 하나는 여색에 빠진 이를 향한 것이며, 마지막 하나는 명성을 탐내는 이를 향한 것이었다. 성모님은 주님을 우러러 그들의 죄에 용서를 구하셨다.

주님은 죄가 무거워서 용서하기 어렵다고 하셨다. 하지만 성모께서 다시 간청하시며 프란치스코와 도미니코 두 성인을 추천하시고 사람들을 이끌어 회개할 수 있도록 하시니 마침내 승낙을 얻으셨다. 프란치스코와 도미니코는 힘을 다해 사람들의 마음을 구하고 성모님의 어진 은혜에 응답하며, 천주의 의노(義怒)를 풀어 드리고자 하였다. 이때부터 두 성인에게 감화되어 따르는 이들이 많았고, 그들이 세운 공적은 많은 기록으로 남아 있다.

이냐시오는 명문 귀족 가문의 후예로, 원래는 무공을 세워 시대를 빛내고자 하였다. 성모님은 그를 사랑하시어 신비로운 빛으로 그의 눈을 뜨게 하시고, 덕을 닦고 도를 밝혀 영원히 사라지지 않는 공훈을 세우도록 권면하셨다. 이냐시오는 매우 감동하여 갑자기 마음이 열렸다. 이에 부모와 작별하고 세속을 떠나 곧바로 성모님 앞에 나아갔다. 이냐시오는 밤새도록 성모상 앞에 서서 지난날의 모든 잘못을 참회하고 이끌어 도와주시기를 기도하였다. 또 도를 닦고 색을 멀리하며, 종신토록 수행할 것을 맹세하였다.

　몇 년이 지나지 않아 이냐시오는 성모님의 도우심에 의탁하여 예수회를 세우고, 예수님을 흠숭한 뒤에는 바로 성모님을 경모(景慕)하는 것을 첫 번째 일로 삼게 하였다. 성모님은 그 공로에 보상하시며 형제들을 사랑하시는 지극한 정을 드러내시고, 그 뜻을 격려하셨다. 그중에는 성모께서 친히 장래의 비밀을 보여주신 경우

자비의 성모
(Madonna of Misericordia), Siena
Simone Martini(1284~1344)

도 있고, 몸소 보의(寶衣)를 펼치시어 그 아래에 모든 형제를 덮어 주시는 것을 본 경우도 있다. 이에 모두 성모님의 남다른 총애에 감동하여 간절하게 공경할 뿐 아니라, 곳곳에 성모회를 세웠다. 또 책을 써서 성모님의 공덕을 선양하고, 따르는 사람들을 도와 인도하며 대대로 공경하기를 멈추지 않았다.

베르나르도 성인은 옛 수도회의 힘든 수련을 따르는 이였다. 그는 성모님을 사랑하고 존경심이 매우 깊어 형제들에게 자주 권면하였고, 그들이 축복과 은총을 얻어 공을 이룰 수 있기를 바랐다. 하루는 원장의 명을 받아 형제 수사들과 나가서 보리를 베는 고생을 통해, 오만함을 이기며 겸손을 기르고 있었다.

이때 성모께서 성녀들을 데리고 오셔서 깨끗한 수건으로 땀을 닦아 주시고, 신기한 음료로 갈증을 해소해 주시며 음악으로 고생을 위로해 주셨다. 이들은 일하면서도 고무되어 피로하지 않았는데 그 까닭은 알지 못하였다. 이때 나이 든 한 수사가 힘을 쓸 수 없어서 산 옆에 앉아 있다가 혼자 그 모습을 보게 되었다. 그는 매우 감동하여 자신이 본 것을 벗들에게 전하였으며, 성모님의 은혜에 감사하는 마음으로 수도에 더욱 힘쓰도록 하였다.

04.
성모님은 당신을 공경하는 국가를 보호해 주신다.

옛날 로마시에 장마철에 하늘에서 큰비가 내려 하천이 불어났다. 거대한 뱀과 독충들이 시내에 들끓었고 전염병이 생겨 사상자가 만 명을 헤아렸다. 이 당시 대(大) 그레고리오 성인이 교회를 다스리고 있었는데, 그는 몸과 마음을 다해서 자신을 잊고 사람들을 구하기 위해 애썼다. 그러나 전염병의 기세는 날로 커져서 죽는 사람이 많아졌다. 막을 계책이 없자, 성모 성당에 가서 성모상을 봉헌한 뒤, 백성들을 이끌고 시가지를 순회하며 하느님의 도우심을 기도하였다. 그러자 성상이 이르는 곳마다 독기가 홀연히 사라져 흩어졌다.

그가 어느 강의 다리에 이르렀을 때 천사들이 칼을 거두어 칼집에 넣는 것을 보고, 주님의 의노가 가라앉아 천벌이 끝날 것임을 알았다. 이를 보거나 들은 백성들은 성모님의 커다란 은택에 감동하여, 더욱 마음을 다해 공경하였다. 이 성모상은 지금도 성전에 남아 있으며, 이외에도 성모께서 영험을 베풀고 세상의 고난을 구하신 일들은 일일이 다 말할 수 없을 정도이다.

성으로 둘러싸인 어느 시(市)가 있었다. 평소에 성모님을 공경하던 곳이었는데, 물자가 풍부하여 외적 만 척이 몰려와 공격한 적이 있었다. 이때 성내 군사는 단지 100~200명에 불과했으므로, 오직 성모님의 힘에 의지하여 제방(堤防)에서 힘겹게 버텨야 했다. 수개월 만에 포위가 풀려서 위험에서 벗어났는데, 적병이 오히려 손실이 컸고 아군은 한 사람도 다치지 않았다.

애초에 성을 공격할 때 외적은 늘 기이하고 아름다운 한 여성을 보았다. 그 여인은 성 위에 높이 서서 사람들을 보호해 주었는데, 화포를 쏠 수도 없고 쏘아도 적중되지 않았다. 외적이 떠나고 이 일이 성안에 전해지니, 비로소 성모께서 기대를 저버리지 않고 지켜주셨음을 알게 되었다.

영국의 에드문도 성인은 예로써 사람들을 일치시키고 올바른 도리에 따라 통치하여 오랫동안 나라에 복된 평안을 가져온 왕이었다. 에드문도 왕이 통치하던 기간에 갑자기 이웃 나라가 반란을 일으켜 병사를 이끌고 출정하게 되었다. 그는 주님과 성모님의 신력으로 군대를 거느리지 않으면, 승리하기 어렵다는 생각에 즉시 성모님 대전으로 나아가 엎드려 기도하였다.

  "지극히 자애로우신 성모님, 당신께서 만약 이 작은 나라가 멸망하는 것을 허락하신다면, 착한 백성들이 뿔뿔이 흩어져 떠돌게 되더라도 감히 그 명을 따르겠습니다. 다만 백성들이 제 의지와 희망이 없어 형세가 이토록 심히 궁해졌다고 여기지 않도록 해 주소서. 만일 때가 어려워 끝내 이를 면할 수 없게 되더라도, 저는 오히려 이 죄 없는 선민들이 난을 당하지 않도록 하고 제가 대신 받겠습니다."

  기도를 마치자, 스스로 마음이 굳건해졌다는 것을 느낀 그는 아무런 의심도 염려도 하지 않았다. 이튿날 아침 여명(黎明)이 밝아오자 갑자기 적장이 도망가 버려 성왕은 다행히 백성들을 보호할 수 있었다. 남은 적들도 해를 가하지 않았으므로, 에드문도 왕은 백성들과 함께 성모님의 비호(庇護)에 감사를 드렸다.

영국의 에두아르도 성인은 백성들을 선(善)으로 이끌며 나라를 잘 다스렸던 왕이었다. 당시 덴마크는 오랫동안 영국을 침략할 음모를 품고 있다가 실행하고자 하였는데, 이를 알아차린 에두아르도는 성모님의 도우심에 의지한 채 크게 개의치 않았다. 하루는 그가 성당에 가서 성모 신심 미사에 참례하였는데 미사 도중 갑자기 미소를 지었다. 좌우 대신이 기이하게 여겨 미사가 끝나고 그 까닭을 묻자 에두아르도가 대답하였다.

　"그때 마침 주님의 계시를 받았는데, 덴마크 왕이 수백 척의 병선(兵船)을 거느리고 우리나라에 쳐들어오고자 배에 오르다가, 갑자기 발을 헛디뎌 물에 빠져 죽는 것을 똑똑히 보았다. 내가 이 때문에 웃은 것이다."

　이를 통해 하느님과 성모님이 복을 내려 보호해 주시는 땅은 흉악한 이들에게 침략당하지 않는다는 것을 알 수 있다.

보호자 성모(The Virgin of Mercy), Condé Museum,
Enguerrand Quarton(1411~1466)

05.
성모님은
사리(事理)에 어두운 이를
밝게 이끌어 주신다.

　알베르토는 어렸을 때 사물의 이치에 대해 열심히 공부했는데, 재주가 부족하였으므로 아침저녁 성모님의 커다란 도우심을 구하며 부지런히 기도하였다. 성모님은 그 정성을 보시고, 모습을 나타내어 말씀하셨다.
　"네가 구하는 것을 얻을 것이다. 다만 마지막에는 반드시 잊어버리게 되는데, 이는 네가 그 학문을 명확히 이해하게 된 것이 사람의 힘으로 이룰 수 있는 것이 아님을 알게 하기 위해서다."
　이때부터 알베르토의 총명하고 영특함은 다른 사람들을 뛰어넘었고, 통달하지 못한 책이 없었으며, 궁구하지 못한 이치도 없었으므로, 마침내 큰 스승이 되었다. 세월이 흘러 늙었을 때, 하루는 사람들에게 강의를 하는데, 한평생 쌓아 올린 학문을 갑자기 잊어버리고 다시는 기억할 수 없게 되었다. 이에 성모님의 말씀을 떠올리고는, 제자들에게 상세히 알려주었다. 그는 "내 목숨이 끝나간다."라고 인사한 뒤, 내실로 돌아가 묵묵히 기도하면서 성모님의 마지막 부르심을 기다렸다.

토마스 아퀴나스 성인은 훌륭한 신학자로 이탈리아 사람이었다. 두 살 무렵, 토마스는 우연히 종이 한 장을 손에 단단히 움켜쥐고 놓지 않았는데, 유모가 그것을 빼앗으려고 하면 번번이 소리를 내어 울었다. 그 종이에 쓰여 있는 것을 보니 천사가 성모께 인사하는 성모송이었다. 이에 놀라고 신기하여 돌려주니, 소리 내어 울기를 그치고는 사탕처럼 그 종이를 삼켰다. 이에 식견이 있는 이들은 그것을 성모님의

토마스 아퀴나스(Portrait as St. Thomas), Pinacoteca di Brera, G. Mazzola Bedoli(1500~1569)

사랑과 도우심으로 보고, 뒷날 그가 반드시 덕(德)과 학문에 이름을 날리게 될 것임을 알았다.

열 살이 되었을 때, 문학은 이미 다 끝내고 사물의 이치를 익히는 데에 힘썼으며, 4년 뒤에는 동년배들을 뛰어넘었다. 이후에는 세상 만물의 이치를 더욱 밝게 알고, 덕을 사모하며 성모님을 공경하였다. 이로써 정신과 육체의 깨끗함은 천사와 같아지고 덕은 여느 사람들을 훨씬 뛰어넘었으므로, 여유롭게 성인의 영역에 들어가게 되었다.

한 아이가 있었는데, 집이 가난하여 배움에 쓸 돈이 없었다. 재주 또한 부족하여 실력을 향상시키기 어려웠으므로, 마음이 늘 불안정하였다. 이에 엎드려 성모송을 암송하며 성모께 기도하기를 그치지 않았다. 성모님은 그를 총애하시어 그가 구하는 모든 것을 허락하셨다.

번번이 자취를 드러내시어 그의 근심을 위로하시고, 병을 치료하시며, 의심을 풀어 주시고, 총명함을 열어 주셨다. 또 미래의 알 수 없는 일들을 보여주시어 그가 모르는 이치가 없게 하시고 깨달아 이르지 못하는 것이 없게 하셨다. 마침내 그는 박학으로 후세에 알려지게 되었다. 또 날마다 필요한 것을 더해 주셨는데, 매일 숨겨진 장소에 두시고 그가 찾아 가져가게 하셨으므로, 죽을 때까지 궁핍하지 않았다.

    그레고리오 성인은 교황으로서 교회를 다스렸다. 통치 초반에는 성화(聖化)를 입은 이가 겨우 열일곱 사람뿐이었고, 그 나머지 매우 많은 사람은 여전히 삿되고 미혹된 것에 빠져 있었다. 성인은 아침저녁으로 기도하며, 어떤 방법으로 백성들을 교화시킬 것인지 주님의 계시를 구하였다. 오래지 않아 주 예수님과 성모 마리아께서 하늘에서 내려와 위로하시며, 그가 구하는 바를 허락해 주셨다. 아울러 제자 요한이 그레고리오 성인에게 신앙의 깊은 뜻을 자세하게 알려 주도록 명하시어 어리석은 백성들을 구하게 하셨다. 이때부터 성인이 이룩한 신비한 자취들은 셀 수 없으며, 수많은 사람을 교화시켰다. 그 특별한 공로는 책에 가득 쓰여 있는데, 『천주성교 성인행실(天主聖教聖人行實)』[22]에서 간략히 볼 수 있다.

---

[22] 바뇨니(A. Vagnoni) 신부가 1629년에 초성당(超性堂)에서 펴냈으며, 이 책 『성모행실』 제3부에 실린 성인과 관련한 일화는 대개 『천주성교 성인행실』의 내용과 중복된다.

06.
성모님은 임종의 고난에서 도와주신다.

　대(大) 니콜라오 성인은 아름다운 덕행을 쌓고 수도를 하며 엄격하게 규율을 지키는 이였다. 그는 오직 성모님을 공경하는 것을 제일로 삼았으며, 다른 사람을 자기 자신처럼 사랑하고 선행을 권함에 정성스러웠다. 나이가 들어서는 덕을 이루었지만 기(氣)가 이미 쇠하여 병에 걸리게 되었다. 그러자 하늘의 천사들이 음악 연주를 들려주어 마음 편히 승천의 희망을 품고 위안을 받았다.
　임종 무렵에는 우리 주 예수님과 성모께서 친히 맞이하러 오시어 말씀하셨다.

"충직한 종이여, 기뻐하여라. 너는 주님의 낙원에 들어가기에 합당하다."

성인은 너무도 기뻐서, 큰 소리로 웃으며 찬양하였다. 곁에 있던 동료 수사가 웃는 까닭을 묻자, 모두 설명해 준 뒤 선종하였다. 그는 세상을 떠나며 벗에게는 즐거움을 남기고, 방에는 향기를 남기고, 후세에는 본보기를 남겼다.

슬픔의 성모(Mater Dolorosa), Prado, Titian(1490~1576)

귀족 집안에서 태어난 다니엘은 어려서부터 간절하게 성모님을 흠모하였으며, 묵주 기도를 제일로 배웠다. 어느 날 갑자기 기이한 병에 걸렸는데 여러 약을 써도 낫지 않았다. 그 무렵 홀연 성모께서 아기 예수님을 안고 침상에 오시어 다니엘의 가슴에 아기 예수를 두셨다. 다니엘의 마음은 기쁨에 넘쳤고 병은 즉시 나았다. 세월이 흘러 다시 병에 걸리자 그는 성모께서 하신 말씀이 떠올라 즉시 부모께 작별 인사를 한 뒤 예수회에 들어갔다.

1년이 지나 덕(德)의 공로를 알게 되고 나서는, 때마다 성모께 간청하여 빨리 속된 세상을 떠나 천국에 올라가게 해 주시기를 바랐다. 마침 성모 승천 축일이 가까워지자, 그의 바람은 더욱 간절해졌다. 다니엘은 라우렌시오 성인에게 부탁하여 성모께서 이날 자신의 소원을 이뤄 주시길 대신 청하였다. 다니엘은 은연중 성모께서 허락하셨음을 깨닫고 즉시 성령의 능력에 힘입어 임종을 준비하였다. 죽기 7일 전, 다니엘은 미미한 병에 걸려 누워 있었으므로 그가 곧 죽을 것이라고는 아무도 생각지 못했다. 하지만 다니엘 자신은 죽을 때가 머지않았음을 알고 있었다. 성모 승천 축일이 되자 그는 성모님을 따라 하늘로 올라갔다.

　엘리사벳은 아들 칼을 낳아, 일찍부터 성모님을 공경하도록 가르쳤다. 칼은 성모송을 외우면서 '천주의 성모 마리아' 한 구절을 읊을 때에는 즉시 그 속뜻을 완미하고, 성모께서 얻으신 하느님의 특별한 은총을 기뻐하였다. 그는 훗날 전쟁에 나가서 적과 싸우다가 죽었는데, 주님의 율법을 거스른 죄를 미처 고해하지 못하여 지옥으로 떨어지게 되었다.
　그의 어머니가 소식을 듣고는, 성모상 앞에 나아가 엎드려 소리 내어 울면서 도와주시기를 청하였다. 그러자 아들 칼은 곧 영혼과 육신이 다시 합치되어 죄를 후회하고 용서를 받는 큰 은혜를 얻었다. 성모께서 그가 생전에 성모송의 속뜻을 완미한 것에 감탄하시어, 사후에 참된 복을 누리는 은혜로 보상하신 것이다.

　　치릴로는 이름난 성인으로, 어려서부터 성모님을 간절히 공경하고 아침저녁으로 기도를 드리며 게으름을 피우지 않았다. 학업을 성취하고는 그리스도교 신앙을 바탕으로 백성들을 다스려 탁월한 업적을 이루었다. 그가 남긴 기록들은 정밀하고 아름다워 이단을 물리치고 그리스도교의 신비를 알리며, 성모님의 영광스러운 이름을 지키는 데 큰 역할을 하였다. 그래서 세상 떠나는 날, 성모께서 가까이 오셔서 잡아 일으키시어 큰 해를 당하지 않고 생을 마칠 수 있게 해 주셨다.

07.
성모님은
정결을 지킬 수 있도록
도와주신다.

옛날에 헨리코라는 어진 왕이 있었다. 그는 일찍부터 하느님과 성모님의 묵계(默契)를 받아 정결을 지키겠다는 뜻을 맹세하였다. 나중에 대신이 재차 결혼을 간청하므로 이웃 나라 공주 쿠네군다를 왕후로 삼았다. 성덕을 갖춘 왕후는 실로 왕에게 좋은 배필이어서, 덕으로써 서로 이끌어 주고 각자 정결을 지켜 친압(親狎)[23]하지 않았다. 그 소문이 널리 퍼지자 많은 백성이 흠앙하였고, 국가는 태평성대의 복을 받게 되었다. 이에 마귀들은 질투하며 부부 사이를 이간

---

23   버릇없이 너무 지나치게 친함.

질할 계획을 세웠다.

　어느 날 왕후는 남편이 마음에 의심을 품고 있다는 것을 알게 되어, 그 의심을 풀고자 하였다. 먼저 하느님과 성모께 도우심을 청한 뒤, 불로 철판을 달구어 왕 앞에 두고 맨발로 그 위를 밟아 자신의 정결을 증명하려 하였다. 철판에 발을 대자 그때 갑자기 하늘에서 목소리가 들렸다.

　"두려워하지 마라. 성모께서 반드시 너를 도와주실 것이다."

　이에 왕은 성모께 깊이 감복했고, 망령되이 의심했던 것을 후회하였다. 그 뒤로 두 사람은 더욱 열심히 공경하고, 서로 덕을 닦는 데 힘써 성모님의 영묘한 은혜에 보답하였다.

　옛날 플랑드르에 리드비나라는 처녀가 있었다. 어려서부터 영원히 정결할 뜻을 세워 성모님을 공경하고, 그 공을 소홀히 하지 않았다. 혼기가 차자, 부모는 좋은 신랑을 찾아 시집보내려고 하였다. 딸은 깜짝 놀라며 결혼하지 않겠다고 하였으나 부모는 허락하지 않았다. 이에 성모 성당으로 가서 정결을 지키겠다는 원래의 뜻을 저버리지 않도록 성모께 도움을 청하였다. 만일 결혼을 면할 방법이 없다면, 즉시 온몸에 부스럼 병이 나서 사람들이 자기를 피하게 해 달라고 기도하였다.

성모님은 그 정성을 보시고, 즉시 그녀의 바람대로 악질에 걸리게 하셨다. 더러운 종기가 온몸에 퍼지자 친척도 그녀를 가까이하지 않았다. 이에 그녀는 기쁘고 만족해하며 성모께 감사를 드렸다. 그 뒤 병으로 30년을 누워 있으면서도 몸을 옮기지 않으며 인내의 덕을 크게 드러내었다. 이로 인해 위로는 천사들을 불러들이고 아래로는 사람들을 불러들였다. 군중들은 모여 우러러보면서, 때로는 그 고통을 위로하고 때로는 그 몸에 스스로 느끼는 바가 있었다.

옛날 잉글랜드에 한 어린아이가 있었다. 어려서부터 성모님의 커다란 은혜를 입어 정결(貞潔)에 뜻을 두고 그 몸을 단속하며, 나쁜 친구들을 피하고 어진 스승을 모셨다. 덕을 쌓고 학문을 넓히면서 매일매일 정진하자 성모님은 그 깨끗함을 칭찬하시고, 그 학문을 깊게 해 주시고자 눈앞에 나타나시어 매우 아름답고 진기한 돌을 주셨다. 이때부터 아이는 맹렬하게 신비한 능력을 분발하고 덕을 닦아 성모님의 크신 은혜에 보답하였다.

하루는 마음 편히 산책하다가 갑자기 나쁜 친구를 마주치게 되었다. 그 친구가 함께 어울려 놀자고 했으나 아이는 거절하고 돌아왔다. 오는 길에 세상에 견줄 바 없이 아름다운 소년을 만나게 되어 누구냐고 묻자 소년이 대답하였다.

"내가 너의 참된 짝으로, 함께 배우러 가고 함께 집으로 돌아오고 함께 출입하였는데 아직도 알지 못했는가? 너는 내 모습을 보면 아마 나를 알 것이다."

아이는 그의 이마에 예수라는 두 글자가 새겨져 있는 것을 보고 깜짝 놀라 엎드렸다. 예수께서 다시 위로하며 말씀하셨다.

"네가 지금 사악한 친구를 피하여, 정결을 지켰기에 내가 특별히 세상에 내려와 너를 위로하고 네 뜻을 단단하게 해 주는 것이다."

소년 예수님은 말씀을 마치고 사라지셨다. 아이는 감당할 수 없을 만큼 영적 기쁨과 행복을 느꼈고, 더욱 엄격하게 공덕을 세워 마침내 성인의 반열에 들게 되었다.

착한 목자(The Good Shepherd), Prado
B.E. Murillo(1617~1682)

08.
성모님은
어려움에 처한 이를
구해 주신다.

　일찍 과부가 되어 수절하기로 마음먹은 여인이 있었다. 그 딸 또한 자질과 성품이 맑고 선하여 동정을 지키기를 원하였다. 모녀는 힘을 다해 성모님을 모시며 항상 묵주 기도를 바쳤다. 다만 집안이 몹시 가난하여 직접 성모 축일 미사에 가지 못하는 것이 근심이었다.
　하루는 어머니가 딸을 데리고 성모상 앞에 나아가 엎드려 고하였다.
　"제가 너무도 가난하여 이 작은 딸을 키우는 것이 실로 힘이 듭니다. 원컨대 이 아이를 성모님의 자비와 보호에 의탁하오니, 죽을 때까지 내버려 두지 마시옵소서."

이어서 딸에게 말하였다.

"천주 성모님이 네 어머니이시다. 이제부터 효와 공경으로 모시어 네 직책을 다하거라."

다음 날 어떤 손님이 집으로 찾아왔다. 손님은 여인에게 돈을 주면서 말하였다.

"예전에 당신 남편에게서 백금(百金)으로 도움을 받았는데 오랫동안 갚지 못하였습니다. 지금 돌려 드리러 왔으니, 받아주시면 감사하겠습니다."

그들은 이 일의 연유를 알 수 없었지만 성모님의 은혜로 여겼다. 모녀는 백금으로 옷을 장만하여 단정하게 입고 함께 성모 축일 미사에 가서 감사의 정성을 드러내었다.

어느 어진 부인이 딸을 키우면서 아이에게 성모 공경에 대해 가르쳐 익히도록 하였다. 딸은 외모가 아름다웠지만 자질이 노둔하여서, 잘 배우지 못하였다. 배우려고 하기보다는 오히려 장난치고 제멋대로 하였으므로 어머니는 매번 올바른 가르침으로 딸을 꾸짖었다. 여인은 딸이 부족하게나마 '예수, 마리아' 두 구절이라도 외우면, 반드시 장래에 도움이 되고 후회가 없겠다고 생각하였다. 딸은 어렵지 않게 여기고 이를 따라 익혔다.

어느 날 딸이 정원에서 한가롭게 놀고 있는데, 마귀가 와서 그 팔을 끌어당기며 지옥으로 밀어 넣고 영원한 모욕을 가하려고 하였다. 딸은 이때 상황의 급박함을 느끼고, "예수, 성모 마리아"를 외쳤다. 마귀는 놀라 두려워하며 아이를 풀어 주고는 원망하며 사라졌다. 딸은 다행히 마귀에게 벗어나서 어머니한테 달려가 그 사실을 고하였다. 어머니는 이참에 딸에게 다시 성모 공경에 대해 가르쳤으며, 마침내 잘못을 고치고 마음을 다해 더욱 성모님을 공경하였다.

근세 시기에 한 이탈리아 명문가에서 아들 하나를 어렵게 얻었는데, 자라서도 말을 하지 못했다. 부모는 항상 이를 염려하였지만 별다른 방도가 없어서 성모께 봉헌하며 도와주시기를 청하였다. 며칠 후에 아이는 혀가 풀리더니 물 흐르듯 술술 응답하였다. 부모는 감격하여 성모님을 공경하고 열심히 찬송하였다. 아들은 스스로 성모님의 깨끗한 자취를 밟겠다고 결심하고, 수도회에 들어가 종신토록 후회하는 일이 없었다.

09.
성모님을
모독한 자는
주님께서 벌하신다.

어느 현명한 왕의 후손인 율리아노는 즉위 초기에 선왕의 업적을 계승하여 백성들의 기대를 한몸에 받았다. 그러나 시간이 지나면서 삿된 말에 현혹되어, 신앙을 저버리고 백성들을 학대하면서 점점 제멋대로 다스리게 되었다. 당시의 성인과 현인들이 충심으로 간청해도 왕은 받아들이지 않았고 오히려 이들을 파면하거나 주살하였다. 또 거리낌 없이 하고 싶은 대로 하며 그리스도교를 멸하려고 여러 성전을 훼손하고 불태웠다.

그러던 어느 날 페르시아가 20만 명의 병사들을 이끌고 그 땅을 징벌하러 쳐들어왔다. 율리아노 왕은 군사를 거느리고 전장에 나갈 때 그리스도교를 멸하고 충신들을 죽일 계획을 세웠다. 당시 성인과 현인들은 여러 선한 백성들과 함께 아침이고 저녁이고 하느님께 기도하고 성모께 애원하며 도와주시길 기도하고 있었다.

율리아노가 적과 싸우는데 갑자기 화살 하나가 공중에서 내려오더니 곧바로 그의 가슴에 적중하였다. 그가 화살을 손으로 뽑아내려고 하면 또 그 손이 상처를 입었다. 왕은 통증이 심하여 살 수 없음을 알고는, 이를 갈며 하느님과 성모님을 원망하다 죽었다. 이에 성모님이 바실리오 성인에게 나타나시어 일러주셨다.

"악한 율리아노 왕은 한 성인이 하늘에서 쏜 화살에 맞아 전장에서 죽었다. 너는 선한 백성들에게 다시는 근심하지 말라고 전하여라."

수일 후 이 소식이 전해졌고 그 말처럼 되었다.

동쪽 나라에 어느 못난 왕이 있었다. 선왕의 어진 정치를 저버리고 이단이 되어 성모님의 성상을 불태우고 제멋대로 굴며 마구 헐뜯었다. 이에 하느님께서 그에게 벌을 내리셨다. 처음에는 독창으로 극심한 고통에 이르게 하셨고, 이어서 학질에 걸리게 하시어 그 감당할 수 없는 고통 속에 스스로 원망하며 죽게 하셨다. 그는 죽을 때에 큰 소리로 부르짖으며 외쳤다.

영광(La Gloria), Prado, Titian(1490~1576)

 "나는 성모 마리아께 죄를 지어서 생전에 영원히 불타는 병을 받았다. 나라의 백성들이 이제부터라도 성모님을 공경하게 하고, 결코 소홀히 하거나 더럽혀서 돌이킬 수 없는 후회를 부르지 않도록 하라."
 이 말을 남기고 왕은 세상을 떠났다.

 이단의 지도자와 그 무리가 삿된 도(道)에 관해서 이야

기를 나누고 있었다. 마침 성모 마리아에 대한 언급이 나오자, 그는 깔보고 경멸하며 세속의 부인과 다를 바 없다고 하였다. 말을 마치고 자리에서 의기양양하고 거만하게 내려온 그가 사람들의 배웅을 받으며 수레에 오르려고 할 때였다. 평소 순한 말이 갑자기 맹렬하게 돌변하여 제어할 수가 없었다. 게다가 발길질을 하고 물어서 이단자의 사지가 모두 산산조각이 나버렸다. 사람들은 이를 보고 깜짝 놀랐으며, 성모님을 비웃고 멸시한 죄가 매우 크다는 것을 알게 되었다.

　이때 이곳에 또 비슷한 부류의 이단자가 있었는데, 어느 날 문득 이웃 사람에게 모처에 있는 성모상이 무수한 신비와 영험으로 모든 이의 바람에 부응해 주신다는 말을 듣게 되었다. 그는 웃으며 말했다.

　"우리 마구간에 있는 말 한 마리가 눈이 없는데, 그것을 마리아상 앞에 두면 다시 앞을 볼 수 있을지도 모르지 않는가."

　그는 웃음거리로 만들려는 생각으로 앞을 못 보는 말을 성상 앞에 데리고 갔다. 그러자 곧 말의 눈이 바로 밝아졌다. 그러나 그 대신에 그가 시력을 잃어서 앞을 보지 못하게 되었다.

聖母行實

부록
성모의 집과 칠고 칠락(七苦七樂)

성모의 집

성모님의 거룩한 자취 중에 가장 잘 알려진 것은 '성모의 집'이다.

성모께서 승천하신 뒤 나자렛 마을에 남아 있는 '성모의 집'을 보고, 사도들은 이곳이 천사가 하느님의 강생을 알려준 장소라고 여겨 우러르며 공경하였다. 그리하여 먼저 이곳에 높고 평평하게 대(臺)를 쌓고 성모상을 모신 뒤, 미사성제를 드리고 성경을 강론하였다. 그리고 성모님을 우러러 공경하는 정성스러움을 깨닫게 하고, 성모님과 우리 주 예수님의 빛나는 영원한 업적을 널리 알렸다. 사람들은 '성모의 집'에 와서 예배드리며 복을 내려 주시고 화를 면해 주시기를 바랐고, '성모의 집'을 인간 세상의 커다란 기쁨으로 여겼다.

주님께서 인간 세상에 오신 지 1,200여 년이 지난 즈음, 사람들이 초심을 잊고 오만해져서 더 이상 공경하지 않았다. 또 성

로레토 전경

모님의 바다처럼 크신 은혜를 저버리고 하느님께 죄를 짓게 되었다. 이에 하느님께서 벌을 내리시어 나자렛에 도적의 침입을 허락하셨다. 성모께서는 미리 천사를 통해 '성모의 집'을 들어 올리시고, 하늘과 바다를 건너 달마티아로 옮기셨다. 이웃 나라 사람들은 '성모의 집'이 옮겨왔다는 소식을 듣고 신기하게 여겨 감격하며 찾아와 경배하고 많은 복을 받았다. 하지만 4년이 안 되어 그들도 다시 가벼이 여기게 되자 성모께서는 성전을 이탈리아에 있는 어느 작은 산으로 다시 옮기셨다.

    선한 이들이 우러러 공경했고, 사람들의 발길이 끊이지 않았다. 다만 그 땅은 나무와 풀이 빽빽하게 자라 있었기 때문에 언제나 노략질하려는 자들이 기회를 엿보고 있었다. 그러므로

로레토 성모의 집 이전(Quadro L. Menzocchi)

이곳을 지키는 관리인은 이를 매우 고통스럽게 여겼다. 성모께서는 가까운 산으로 성전을 세 번째 옮기셨는데, 그 산은 두 형제의 소유지였다. 형제는 성전을 왕래하는 사람이 많아 이익이 날로 커지자, 탐심이 생겨 서로 해치기에 이르렀다.

 성모께서는 네 번째로 '성모의 집'을 로레토(Loreto)로 옮기셨는데, 지금에 이르기까지 수백 년간 성전은 이동하지 않았으며 그 명칭도 바뀌지 않았다. 이렇듯 '성모의 집'은 여러 차례 옮겨졌는데, 가는 곳마다 베푸신 은혜가 널리 전해져서 모르는 사람이 없었다. 사람들은 성전에 경배하려고 몰려들었고, 고난에 처하면 도움을 달라고 기도했다. 모든 사람이 예배하고 봉헌하여

로레토 성모의 집 초기의 내부 모습(왼쪽)과 이후의 제대를 꾸민 모습

감사 예물을 바쳤으므로, 온 세상의 기이하고 진기한 보배가 모두 성전에 모였다.

　로레토에 있는 '성모의 집'은 1,600여 년 동안 네 번 옮겨졌고, 이동 거리도 멀었으므로 사람들은 이지러지거나 부족함이 없이 완전하게 '성모의 집'을 정비하고자 하였다. 그러나 누가 무엇을 보태려 하면 더할 것이 없다는 듯 저절로 떨어져 나갔다. '성모의 집'은 더해지는 것을 용납하지 않을 뿐만 아니라 조금이라도 덜어지는 것 또한 용납하지 않는 듯하였다.

　옛적에 덕망 있는 어느 주교가 자기 나라에 '성모의 집'을 본뜬 작은 경당을 세워 성모님을 공경하고자 하였다. 그는 심부름꾼을 보내어 '성모의 집'에 있는 벽돌 하나를 몰래 가져다가 경당의 소중한 보배로 삼고자 하였다. 심부름꾼이 벽돌을 가지고 말을 달려 돌아오는데 방해되는 것이 많았다. 폭풍과 뇌우가 일고, 홍수가 나서 말을 여러 차례 바꿔 탔지만 좀처럼 나아가기가 어려웠다. 간신히 본국에 이르러 그 보배로운 벽돌을 봉헌했으나 심부름을 시킨 주교는 점점 병이 들어 일어나지 못하게 되었다. 주교는 깨우침을 얻어 자신이 저지른 잘못을 뉘우치고 즉시 심부름꾼을 보내어 벽돌을 되돌려 놓게 하였다. 심부름꾼이 주교의 명에 따라 다시 길을 갈 때에는 방해로 지체되는 일이 없이 매우 순탄하고 빠르게 도착할 수 있었다. '성모의 집'에 점점 가까이 갈수록, 주교의 아픈 몸은 점차 가벼워졌고, '성모의 집'에 벽돌을 되돌려 놓자 주교의 병은 씻은 듯이 다 나았다. 이때부터 대중들은 이 기적에 놀라 함께 엄격히 단속하며 조심하였다. 성전 안에 있는 사소한 물건, 심지어 티끌까지도 소중히 다루어졌으므로 보물은 말할 것도 없었다.

일찍이 악한 도적이 '성모의 집'에 재물이 많이 쌓여 있다는 얘기를 듣고는 욕심이 생겨 사람들을 거느리고 공격하려 하였다. 여러 차례 배를 타고 왔으나 멀리서 성전 꼭대기를 보니, 바로 우레가 치는 듯하여 놀라고 두려워 허둥지둥 달아났다.

수십 년 후, 또 다른 해적선 두 척이 '성모의 집' 가까운 곳에 와서 사람과 물자를 약탈했는데, 바로 그날 바다를 순찰하러 나갔던 장군이 그들을 붙잡아 죽이고, 포로로 잡힌 사람들은 되돌려 보냈다. 이때부터 여러 지역의 도적들은 더욱 경계했고, 백성들은 크게 감격하여 공경하고 항상 우러러 알리며 '성모의 집'이 세상에 높이 드러나길 바랐다.

이로 인해 교황은 크게 건축 공사를 시작하였다. 멀리 서부터 귀중한 돌과 좋은 재목들이 실려 와서 '성모의 집'을 에워싼 커다란 성전이 세워졌다. 그 후에 로레토 성모님의 이름을 딴 성당과 경당이 대여섯 군데에 세워졌으며, 몸가짐이 바르고 덕이 있는 이들을 불러 모아 그들로 하여금 미사를 집전하게 하고 고해성사를 베풀게 하였다. 아울러 곤궁한 백성들의 가난을 구제하고, 선량한 순례자들을 만나게 하며, 선민들이 바친 의례(儀禮) 물품을 저장해 둔다거나, '성모의 집'에 나타나는 신기한 기적을 기록하게 하였다.

예수 탄생을 기다리는 성모(E. Manfrini)

여러 나라의 왕과 크고 작은 관직에 있는 사람들은 모두 '성모의 집'의 신위(神位)와 영험함에 감동하였다. 어떤 이는 직접 우러러 경배하고, 어떤 이는 사람을 보내어 대신 봉헌하게 하면서 성실의 은혜가 널리 퍼지도록 하였다. 그래서 본국의 노인, 아이, 가난한 사람, 병든 이, 순례자 등 그 은혜를 받지 않은 사람이 없었다.

성모 칠고
聖母七苦

01 예수님이 장차 괴로움을 당하리라는
   시메온의 예언을 들었을 때

02 헤로데가 아기 예수님을 죽이려는
   간교를 피해 이집트로 피신할 때

03 예루살렘 성전에서 잃어버린
   아기 예수님을 찾아 헤맸을 때

04 무거운 십자가를 지고 끌려가시는
   예수님을 만났을 때

05 예수님이 십자가에 못 박혀
   숨을 거두시는 모습을 지켜보았을 때

06 예수님의 시신을 십자가에서
   내렸을 때

07 예수님이 바위를 깎아 만든 무덤에
   묻히셨을 때

칠고 1_시메온과 안나
(Simeon and Anna in the Temple)
Rembrandt(1606~1669)

칠고 2_이집트 피신
(The Flight into Egypt)
B.E. Murillo(1617~1682)

칠고 3 _ 잃어버린 예수를 찾음
(The Finding of the Saviour in the Temple)
W.H. Hunt(1827~1910)

칠고 4 _ 십자가를 지신 예수
(Way to Calvary)
J. Bassano(1510~1592)

칠고 5 _ 십자가형
(Crucifixion)
M. Grünewald(1470~1528)

칠고 6 _ 십자가에서 내리심
(Descent from the Cross)
Rembrandt(1606~1669)

칠고 7 _ 향유를 발라 무덤에 묻히심
(Jesus is laid in the tomb and covered in incense)
T. Lybaert(1848~1927)

성모 칠락 (聖母七樂)

01 천사의 아룀으로 예수님을 잉태하리라는 계시를 받았을 때

02 성령을 가득히 받은 엘리사벳을 방문하였을 때

03 인류의 구원자이신 예수 그리스도님을 낳으셨을 때

04 동방박사들에게 아기 예수님을 보여주셨을 때

05 예루살렘 성전에서 사흘 뒤 아기 예수님을 다시 찾아내었을 때

06 사흘 만에 부활하신 예수님을 다시 만나셨을 때

07 하늘에 올라 예수님께 천상 모후의 면류관을 받으셨을 때

칠락 1_성모 영보
(Annunciation)
B.E. Murillo(1617~1682)

칠락 2_마리아의 엘리사벳 방문
(Mary's Visit to Elizabeth)
F. Francken(1581~1642)

칠락 3 _ 예수 탄생
(The Nativity)
L. Lotto(1480~1556)

칠락 4 _ 동방박사의 경배
(Adoration of the Magi)
B. Veronese(1487~1553)

칠락 5 _ 예수와 율법학자
(Jesus among the Doctors at the Temple)
P. Veronese(1528~1588)

칠락 6 _ 부활하신 예수를 만난 성모
(The Resurrected Christ Appears to the Virgin)
Guercino(1591~1666)

칠락 7 _ 성모 대관
(Coronation of the Virgin)
D. Velázquez(1599~1660)